U0139924

Erich Fromm

富足与厌倦

Über die Liebe zum Leben

弗洛姆谈话录

〔美〕艾里希·弗洛姆 著

王瑞琪 译

上海译文出版社

Erich Fromm

ÜBER DIE LIEBE ZUM LEBEN

Copyright © 1983 by The Literary Estate of Erich Fromm and the Estate of Hans Jürgen Schultz

© Vorwort：2011 Hans Jürgen Schultz

© Überfluss und Überdruss in unserer Gesellschaft：1983 The Estate of Erich Fromm

© Über die Ursprünge der Aggression：1983 The Estate of Erich Fromm

© Der Traum ist die Sprache des universalen Menschen：1972 Erich Fromm

© Psychologie für Nichtpsychologen：1974 Erich Fromm

© Im Namen des Lebens ：1974 Erich Fromm und Hans Jürgen Schultz

© Hitler-Wer war er und was heißt Widerstand gegen diesen Menschen：1974 Erich Fromm und Hans Jürgen Schultz

© Die Aktualität der prophetischen Schriften：1975 Erich Fromm

© Wer ist der Mensch：1983 Erich Fromm

Published in agreement with Liepman AG Literary Agency， through The Grayhawk Agency Ltd. Simplified Chinese Translation copyright © 2018 Shanghai 99 Readers' Culture Co.， Ltd in conjunction with Shanghai Translation Publishing House.

图字：09－2023－0622 号

图书在版编目（CIP）数据

富足与厌倦：弗洛姆谈话录／（美）艾里希·弗洛姆（Erich Fromm）著；王瑞琪译.—上海：上海译文出版社，2024.2

（弗洛姆作品系列）

ISBN 978－7－5327－9446－1

Ⅰ.①富… Ⅱ.①艾… ②王… Ⅲ.①社会心理学—研究 Ⅳ.①C912.6－0

中国国家版本馆 CIP 数据核字（2024）第 034447 号

富足与厌倦

[美] 艾里希·弗洛姆 著 王瑞琪 译

特约策划／何家炜 邰莉莉 责任编辑／范炜炜 装帧设计／柴昊洲

上海译文出版社有限公司出版、发行

网址：www. yiwen. com. cn

201101 上海市闵行区号景路 159 弄 B 座

山东临沂新华印刷物流集团有限责任公司印刷

开本 890×1240 1/32 印张 6 插页 2 字数 100,000

2024 年 2 月第 1 版 2024 年 2 月第 1 次印刷

印数：0,001—8,000 册

ISBN 978－7－5327－9446－1/B·543

定价：48.00 元

目 录

前言
"人不仅仅是他自己"
——与艾里希·弗洛姆的相遇

　　艾里希·弗洛姆的这些电台访谈可以追溯到他生命的最后十年，也是他人生的第八个十年。他永远忙不完——阅读、写作、计划、学习，保持开放甚至好奇——直到生命的最后一刻。弗洛姆留下的十二卷著作在当时已达到了顶峰，并得以完结，当他以一个警觉的、富有批判性的观察者身份对时代发表评论时，便可以从中取材。因此，本书重新整理的访谈记录是对他作品集的有趣的补充：它们的价值在新颖之余，更多了些生动。大多数演讲和对谈都是在弗洛姆位于瑞士洛迦诺的公寓里录制的，其他的是在苏黎世的广播电台录制的。阅读本书，读者在远处也能身临其境地与弗洛姆会面与交谈，这是这位杰出人物在愉快地向读者发出邀请。

　　除了早期密集地用德语书写的作品，我们在德国了解到的弗洛姆是一位只有通过翻译才能接触到的盎格鲁-撒克逊作家。然而，在电台访谈中他又回归了自己的母语。因为不是书面文字，访谈的语言直接得令人震惊。根据马蒂亚斯·

克劳迪亚斯的说法，书面语言像一个劣质的漏斗，葡萄酒在其中会变成水。弗洛姆也更喜欢口语，喜欢说话，喜欢发言。本书呈现的就是如此。了解他的人能在阅读时听到他的声音。

我第一次见到艾里希·弗洛姆是在 1970 年，在苏黎世的"斯托臣"（Storchen）酒店，后来我们也经常在这儿见面。他在各个地方都有自己喜爱的酒店，很难想象他会愿意担任主人的角色。我们讨论了关于"富足与厌倦"这一主题的系列演讲，他第二天将在我们的苏黎世录音室录制演讲内容。他坐在我对面，神情极为专注，不为嘈杂的环境所扰，向我陈述他的构想。当他说完时，我想：可以结束啦。然而并没有，现在轮到我了。他要求听到反对意见，尤其想获取关于潜在听众的信息。凭借执着和质疑精神——这充分证明他对德国环境熟稔于心——他希望更接近听众。"观察胜于雄辩"是他的座右铭。他是经过精心准备的，带着厚厚一叠笔记和草稿，在我们闲谈时还在不断往里添加。第二天早上，他看起来一身轻松。我探了探他的公文包，他笑着摇摇头。我们开车去电台。他轻松地坐在麦克风前，畅所欲言，共录了六遍，时间精确到二十九分钟。他唯一的条件就是我得一直在旁边。他需要一个面对面的、能够交流的匿名听众代表。在电台中听到脱稿却又内容集中的表达，是我们难得一遇的幸事。

当艾里希·弗洛姆开始论述他的主题，将我带上一段苏格拉底式的旅程时，我注意到录音室玻璃的另一边有一些动静。虽然弗洛姆那时还不怎么为人所知，但在我们苏黎世的同事之间已经口口相传：这里有值得一听的内容。来自各个部门的员工——技术人员、秘书、门房，甚至编辑部的同事——肩并肩站在一起，竖耳倾听。我认为广播的对话能力较低，人们不应该高估它，也不应该过度使用它，而应该找到一种适用于广播的、间接的表达方式。然而，弗洛姆打破了这个规则。他以惊人的、漫不经心的方式，轻松绕过了媒介本身导致的障碍。他是如何做到的？弗洛姆以谈话的方式思考。隐形的听众并非摆设。听众及其可能给出的反应，从一开始就作为现实存在于他的思想中。弗洛姆能成为如此优秀的演讲者，是因为他也是一名如此优秀的听众。

是的，就在那一刻，在苏黎世的广播里，我清楚地意识到，艾里希·弗洛姆的书——多年来一直在美国的畅销书排行榜上——在德国也会很快离开它们的藏身之处，开始不可阻挡地涌向公众。他的作品已出版了约十二部。我认为，弗洛姆必须亲自来结束这场睡美人般的沉寂。这很特别，但也许可以这样解释：在弗洛姆身上，作者和普通人是同一类人，一方用于诠释另一方。

他的声音是他语言的载体。他所有的作品都是在同一个主题上进行的不知疲倦的变化：重复和强调，深化和拔高，不断尝试以新方式深入浅出的探讨问题。

我想起了弗洛姆一次出色且具有代表性的演讲——七十

五岁生日之际在洛迦诺举办的研讨会上，他也是在那里度过了生命的最后几年。大厅里很拥挤，与会者来自世界各地，男女老少都有。他宣布演讲将持续约一小时，但在讲座开始前，他问听众是否会感到疲倦。差不多过了两个半小时，我们都还像他一样活跃。他一边说着，一边在讲台上来回踱步，像一位苏格拉底式的思想者，带着哲学交流的神情，说话的时候也在倾听。他是一位能让听众参与其中的演讲者，只是偶尔带着自己的提纲回到讲台。后来，他把草稿留给了我：精神分析过去是什么、现在是什么以及将来会如何。（这份草稿描述的）正是这个问题的核心，是他对内容广泛但从不偏离主题的陈述凝练。在这次演讲中，弗洛姆不仅论证了"社会造成的每个理论的缺陷"，还对弗洛伊德的阐释表示同意——由其引入的有关无意识理论的解释，必须包括三个方面：首先，认真理解这一发现；其次，对基于时间分类的思维和表达方式有明确的限制；最后，富有创造性地将其扩展到当今的知识领域中。

弗洛姆将弗洛伊德视作对伟大启蒙哲学家的继承，这体现在他的这些演讲中，因为他用弗洛伊德来作对比。对我来说，他演讲的高潮是："精神分析必须再次成为批判理论。"这应该意味着它具有跨界治疗的功能。当它仅专注于某一种消除症状、缓解疼痛的方法时，它便迷失了自己。

无畏地追求真理，这一目的推动着艾里希·弗洛姆一生的思考。他如侦探一般追踪着不必要的、令人不适的见解。

人类独具一种顽固的"捉迷藏"的倾向。

人类畏惧世上的光，在昏暗的光线、夕阳或母腹中寻求庇护。但是弗洛姆要求并鼓励人们拿出勇气，去打破禁忌，去揭开伪装。他没有把自己排除在他关于人类被蒙蔽的批评之外。"每天分析自己，"他曾经向我坦白，"不要认为这会让我好感倍增。'启示'这个词意味着揭露。这不是一个无害的过程。"

在所有这一切中，最重要的是，弗洛姆没有迷失在细节或无关紧要的小事中。这不是关于旁枝末节，而是关于生活。生活本身，不仅仅是我们存在的某一部分，它已经陷入了危机。人类已经成为人类的敌人。我们注意到野蛮化和原始化（也可以说是电视化）倾向随处可见，人处于舒适之中。人除了应付自己，什么都可以对付。越没有，越想得到。因为已经精疲力竭，所以必须自我平衡。"人们以增加精神和情感疾病为代价，为健康的经济而奋斗。"这种状态导致了一种危及生命的、自杀式的"恋尸癖"倾向。弗洛姆以一种朴实的方式描述了这种倾向，而且他并没有停止对其进行识别和刻画。

因为他是人类的朋友。他对人类的期望很高，他很信任他们。但友谊也意味着共情、同情的能力。这种情况已经很少见了。"我不是说，"他写道，"人们遭受的苦难比以前少了；而是人们与自己如此疏离，以致他们压抑了对自己痛苦的意识。有些人从来没品尝过幸运的滋味，但所有人都遭受过痛苦。"那些不允许自己受苦的人将找不到丰满的生活。痛苦是人类共有的情感,可能是一切有感情的生物共有的情感。因此,从对苦难普遍性的感知中,可以获得与所有生物团结一致的慰藉感,它在人类的共情中变得活跃。这样的思想深深扎根于弗洛姆的内心,使他能够站在许多人的立场上思考。

弗洛姆不是巫师,也不是学究。他的天赋与智慧体现在能够让头脑与心灵同频表达。

汉斯·于尔根·舒尔茨

一、 社会中的富足与厌倦

（1983 年）

1. 被动的人

如果要谈论"富足（Überfluss）与厌倦（Überdruss）"这个主题，那么在我看来，首先应对这两个词的含义进行注释。不仅在这种情况下需要这样，其他情况也应一视同仁。如果你理解了含义，也就是理解了一个词的实际意义，那么就能更好地理解这个词在字面意思背后所涉及的问题——它的内涵和它的历史。

让我们来看看这两个单词，其中一个有双重含义。"富足"这个词有正面意义，指的是超越绝对必要的东西：满足。大家可能会想到《圣经》中关于"流着牛奶和蜂蜜的土地"这一概念。或者，当你想形容一个美好的聚会、一个节日，那里有着不计其数的美酒，或者你喜欢的任何东西处于取之不尽的状态。这让你非常愉悦，不用担心库存短缺，也不会小心翼翼，自然就不会吃得太多。这就是令人愉快的富足，也叫满足。

但是，"富足"也有消极含义，德语中这个词藏在形容词"多余的"（überflüssig）之中，意为毫无意义和浪费。当你对一个人说："你在这里完全是多余的。"意思是"你最好消失"，而不是"你在这里真好"——这话谈论美酒充足时就会说。所以富足可以是满足的也可以是多余的，那么人们不禁要问，我们在这里谈论的是什么意义上的"富足"。

现在来谈谈"厌倦"（Überdruss）和"烦恼"（Verdruss）。"烦恼"来源于动词"恼怒"（verdrießen）。"恼怒"在中古高地德语中有"使人无聊"的意思；在哥特式德语中，它甚至有"令人厌恶"的意思。所以烦恼是产生无聊、厌恶和愤怒的原因。在法语中，"无聊"也有另一个意思："ennui"一词来自拉丁语"innodiare"，意思是"感到仇恨，引发仇恨"。

我们可以问问自己，单词本身是否已经在暗示，过度的富足会导致无聊、厌恶和仇恨。那么我们就必须审视一下：我们是否生活在富足中？我指的是在美国、加拿大、西欧国家发展起来的现代工业社会中。我们生活在富足中吗？在我们的社会中，谁生活在富足之中？那是一种什么样的富足——多余的富足还是满足的富足？简单来说，是"好"的富足还是"坏"的富足？我们的富足会导致厌倦吗？富足一定会导致厌倦吗？那么美好的、满足的、丰富的富足应该是什么样子才不会导致厌倦呢？讨论这个问题是本讲座的主旨所在。

让我先做一个心理学性质的初步评论。因为我是一名精神分析学家，我想在这些评论中继续谈论心理学问题。我想让你们做好准备，我会从一个特定的角度来演讲，即精神分析学或分析心理学——它们的意思大致相同。我想简单地提一下你们很多人都熟悉的东西：以两种渠道、两种方法来研究人类的心理问题。目前，学术心理学主要从行为研究的角度来研究人，也就是所谓的行为主义。这意味着，人们只研究能看到和直接观察到的东西，也就是可测量和可衡量的东西。不能直接看到和观察到的东西，当然既不能测量也不能衡量，或至少不够精确。

精神分析学或分析心理学的方法是不同的。它有另一个目标。它不会简单地从可看到的立场来考查一个动作或行为。相反，它探寻的是这种行为的质量，以及这种行为所基于的动机。我来举几个小例子。大家可以这样描述：一个人微笑着。这是一种可以被拍摄下的行为，可以被描述为肌肉运动，等等。但是大家都知道，商店里售货员的微笑和你的敌人的微笑有所不同；一个试图隐藏敌意的人的微笑和一个看到你很高兴的朋友的微笑也是不同的。我们知道数以百计的不同类别的微笑，它们背后的心理动机各不相同：尽管都是微笑，但是它们表达的意思可以完全相反，没有设备可以测量甚至仅仅是觉察出来；只有一个人能做到这一点，不是什么设备，而是你自己。你不仅用你的大脑观察，而且——用老套的话来说——用你的心来观察。你整个人都明白发生了什么，并且第六感告诉你这微笑意味着什么。如果你对此没有第六感，那么你在生活中一定会经历很多失望。

或者我们换一个完全不同的行为描述：一个人吃东西。很明确，他吃着。但是他怎么吃东西呢？他狼吞虎咽。另一个人吃饭的方式，让人看出他是一个非常死板的人，他注重整洁，清空碗盘。而下一个人不狼吞虎咽、不贪吃，他享受美食，专注于吃，这让他感觉良好。或者再举一个例子：一个人尖叫的时候脸会涨红。人们说：他生气了。他一定是生气了。然后你仔细观察他，思考这个人（也许你认识他）发生了什么，突然你注意到：他很害怕，他很恐惧，他的愤怒只是他对恐惧的反应。你可能会看得更深一点，并意识到：这个人实际上感到无助和无能，他害怕一切，害怕整个生活。你现在已经观察到了三种情况：他生气了，他害怕了，他感到一种深深的无助。这三种观察都是正确的，它们与其结构的不同层次有关。与无力感对应的观察最深刻地描述了这个人正在发生什么，而只对应到愤怒的观察是最肤浅的。这意味着，如果你的反应也是生气，那么除了在与你对话的人身上看到一个生气的人之外，你看不到其他任何东西，你自然就会避开他。但如果你看到了愤怒的背后是一个恐惧的人，一个感觉无能为力的人，那么你就会接近他，而他的愤怒可能就会因为他不再感到威胁而平息。

从精神分析的角度来看，我们在这里讨论的所有内容，即从外部来看一个人的行为，都不是主要的，当然也不是我们唯一感兴趣的。我们关注的是这个人有什么动机、什么意图，不管是无意识的还是有意识的。我们探寻的是他的行为质量。我的同事特奥多尔·赖克（Theodor Reik）发明了这样一句话："分析师用第三只耳朵听。"这是完全正确的。你还可以说——这是一个更古早的表达：他读出了字里行间的意思。他不仅看到了什么是直接呈现给他的东西，他从呈现的和可观察的东西中发现了更多，即个性的核心展示的东西，其中每个行为都是一种表达和展现，它们总是受到整体个性的矫饰。没有一种行为不是某个特定的人做出的一种姿态，因此不存在两种完全相同的行为，就像极少有人是完全相同的一样。他们可能相像，也可能有血缘关系，但他们绝不会完全相同。没有两个人举手的方式完全一样，走路的方式完全一样，低头的方式完全一样。因此，有时你可以通过走路的方式认出一个人，即使你看不见他的脸。步态和面部一样，是一个人的特征，有时甚至更具代表性，因为人可以调整自己的面部，而调整步态却难得多。人可以用脸撒谎，这是人类的特点，他们比动物有优势。用步态撒谎更困难，尽管也可以学会。

在这些开场白之后，我现在想把消费作为一个心理问题，或者更准确地说，作为一个精神病理问题来谈。大家会问：消费到底是什么意思？消费，每个人都会经历。每个人都要吃喝，要衣服穿，要房子住。总而言之，人们有需求并且有花费，这就叫作"消费"。那么它到底是什么样的心理问题呢？这就是本性——为了生活人们必须消费。但这里我说到了问题的关键：消费和消费之间也不是完全相同的。有一种消费是强迫性的，基于贪婪。人们有一种越吃越多、越买越多、拥有得越来越多、使用得越来越多的欲望。

现在你可能会说：这难道不正常吗？毕竟，我们都想扩大和增加我们所拥有的东西。问题至多是你没有足够的钱，而不是扩大和增加的欲望有什么错。我理解你们很多人是这么想的。但是我想给你们举个例子，说明这并不是那么简单。我指的是一个你们或许听说过的例子，我希望只有很少人印证过这个例子。一个肥胖的人体重超过标准过多，或许是内分泌方面的原因——我不想在这里讨论这个。但通常只有一个原因，就是他吃得太多。他这里吃一点，那里吃一点，最爱甜食，总是找东西吃。如果你更仔细地观察，你会发现他之所以在不停地吃，是贪婪驱使他这么做的。他必须进食，不能停下来，就像很多人不能停止吸烟一样。你们也知道戒烟的人会突然吃得很多，然后他们以"戒烟让人长胖"为自己辩解。这是为不用戒烟找借口的好方法之一。为什么？因为把食物放进嘴里、吞下食物的贪婪，同进食、抽烟、喝酒或买东西时表现的贪婪是相同的。

如果一个人贪婪地、强迫性地吃、喝、抽烟，医生便会警告他不要继续这样做，否则会死于心脏病发作。我们总能观察到，这样的人会突然变得焦虑、不安、紧张、抑郁。这里出现了一个奇怪的关联：不吃、不喝、不抽烟可能会令人恐惧。有些人吃或买，不是为了吃或买，而是为了压抑自己的焦虑或抑郁情绪。他们通过增加消费来摆脱自己的情绪。消费给他们带来治愈的希望，事实上，当贪婪得到满足时，抑郁或焦虑的情绪确实会有所缓解。我们大多数人都能够证实，当我们感到焦虑或沮丧时，即使不是特别饿，我们也更容易去翻冰箱，吃点或喝点东西似乎能让自己平静下来。换句话说，饮食在现实中往往扮演着药物的角色——一种镇静剂。这可比药物更令人舒适，毕竟味道也很好。

抑郁的人感到内心空虚，就像瘫痪了一样，缺少活力，仿佛丢失了某种让他产生活力的东西，从而无法正常活动。当吸收了某样东西，空虚、麻木和虚弱的感觉可能会暂时离开，他会觉得：我是一个人，我拥有一些东西，我不是一无是处。他用东西填满自己，以压抑内心的空虚。这是一个消极的人，他怀疑自己是渺小的，他通过消费和成为消费人而忘记了这种怀疑。

现在我用了"消极的人"这个词，你们会问我这是什么意思。什么是消极？什么是积极？首先，我要谈谈时下对消极和积极的理解，这一点你们都很熟悉。流行的观点认为，积极是目的导向的、需要能量的行为，既可以是体力也可以是脑力工作，例如体育，通常被理解为要么服务健康，要么有利于祖国声誉，要么使人名利双收。通常，这并不是说对于锻炼本身的享受，而是追求某种特定的效果，人们有目的地进行体育运动。积极的人是努力的人。在美国，人们会说这个人"忙"（busy）。"忙"和"商务"（business）是同一个词源。

按照这个观点，人什么时候是消极的？没有可见的好处时，没有成绩被发现时。我给大家举一个简单的例子：一个人看风景五分钟，半小时，甚至一小时，他什么也不做，只是看着。他甚至不拍照，而是安静地沉浸在眼睛看到的东西里。你可能会因此觉得他很奇怪，无论如何，他的"静观"不会被确切地称为一种积极活动。或者（虽然这种景象在我们的西方文化中并不常见）一个冥想的人，他试图意识到他自己，他的感情，他的情绪，他的内心状态。如果他要系统化地冥想，可能花上好几个小时。不了解他的情况，会误以为他是一个消极的人。他什么也不做。也许他只是把所有的想法都抛到脑后，专注于不去想任何事，就这么待着。对大家来说，这听上去或许很奇怪。大家可以试一试，就两分钟，你会发现这是多么困难。头脑会持续涌现一些思绪，你会想到各种各样的事情，大多并不重要，而你却不能克制，因为你几乎不能忍受枯坐着停止思考。

在印度和中国的深厚文化里，这种冥想是至关重要的。可惜我们的情况并非如此，因为我们雄心勃勃地相信，必须做一些有目的性的事情，必须达到目标、收获成果。但如果你将目的撇在一旁，试着集中注意力，耐心地练习冥想，可能会发现什么都不做会让人神清气爽。

我只是想表明，在现代的语境中，我们理解的"积极"

是做一些有明显效果的事情，而消极似乎毫无意义，是一种不消耗任何能量的态度。我们评估积极和消极，与消费这一话题相关：如果我们消费"坏的富足"，我们表面上的积极最终是消极的。那么具有创造性的积极、"好的富足"、满足、抵抗诱惑的理想形式是怎样的呢？我们怎样才能不仅仅是消费者呢？

2. 现代的无聊

现在让我们思考一下在过去两千年里，亚里士多德、斯宾诺莎、歌德、马克思和其他许多西方思想家所提出的关于积极和消极的经典概念。积极被理解为一种表达人内在力量的东西，它赋予了生命，带来了新生——无论是身体上、情感上、智力上还是艺术能力上。当我谈到人类内在的力量时，你们中的一些人可能无法完全理解。因为我们通常认为力量和能量存在于机器中，而不存在于人体中。如果说人类拥有超能力，他们的主要目的就是发明和操作机器。我们对机器力量的钦佩与日俱增，但对人类神奇力量的洞察力却在减弱。索福克勒斯的《安提戈涅》中有这样一句话："世界上有许多美好的东西，但没有什么比人更美好。"这句话对我们来说已不再有任何真正的意义。在我们看来，通往月球的火箭往往比矮小的人类奇妙得多。在某种程度上，我们相信我们用现代的发明创造了比上帝造人时更奇妙的东西。

当把兴趣转向意识和作为人类潜能的多种力量的发展时，我们必须重新思考。不只是说话和思考的能力，还有获得更深刻的洞察力，发展更成熟的能力、爱的力量和艺术的表达能力——所有这些都赋予了人类，并等待着被实现。我刚才提及的思想家们笔下的积极活动，正是人类自己发展、表现的力量，但大多被隐藏或压制了。

我在这里引用卡尔·马克思的一段话。大家很快就会注意到这是一个完全不同于在大学里、媒体里、宣传里、左翼或右翼描绘的马克思。我引用的是他的《1844 年经济学哲学手稿》（MEGA I, 3, p. 149）：

"若以人为人，人与世界的关系为人的关系，那么你只能用爱来交换爱，只能以信任来交换信任……如果你想影响别人，你必须真正地激励和促进自己成为一个能影响别人的人。你与人、与自然的每一种关系，都必须是你真实的个人生活的某种特定表达，与你的意志对象相对应。如果你爱而没有引起对方反过来爱你，也就是说，如果你爱着却不能得到相互的爱，如果你不能使自己成为一个被爱的人，那么你的爱是无力的，是一种不幸。"

大家可以看到，马克思把爱说成一种积极的活动。现代人不会用爱来创造什么，他们主要且几乎只关心被爱，而不关心自己爱的能力——用爱来产生相互的爱，从而带来一些新的东西，让一些还不存在的东西进入这个世界。这就是为什么人们也相信被爱要么是一个伟大的巧合，要么是通过购买任何可能导致被爱的东西——从合适的漱口水到优雅的西装或最昂贵的汽车——来实现的。漱口水和西装到底效果怎样，我也不太清楚。不过，事实是许多男人因为他们时髦的汽车而受到喜爱。必须补充的是，许多男人比女人对汽车更感兴趣。然后一切似乎步入正轨——或者过不了多久，这对男女就觉得无聊甚至憎恶，因为他们相互欺骗或觉得自己受到欺骗。他们相信自己被爱，但实际上他们是假装去爱，而不是主动去爱。

同样地，在传统意义上，消极不是指某人坐在那里思考、冥想或看着风景，而是只单纯做出反应或被驱使。

单纯做出反应是指：我们不想忘记，我们之所以"积极"，是因为我们对刺激、对诱惑、对情况做出反应，因为我们已经习惯一旦发出适当的信号，就需要做一些事情。巴甫洛夫的狗一听到曾经在喂食时响起的铃声就会产生食欲。当它冲到饲料盆前时，它当然是非常"积极"的。然而，这种积极只不过是对刺激的反应，像机器一样运行。我们今天的行为心理学正是研究这一过程：人类是一个反应性的存在，刺激产生，并迅速带来反应。可以用大老鼠、小白鼠、猴子、人，甚至猫来做这个（实验），尽管有点困难。用人来做是最容易的。我们认为，人类所有的行为大体上都是基于奖惩原则的。奖励和惩罚是两大刺激因素，可以预见，人类的行为和任何动物一样，准备好去做他们会得到奖励而不做他们被威胁会受到惩罚的事。人类甚至不需要真的受到惩罚，威胁本身就足够了。不过还是有必要时不时惩罚一些人作为警告，这样威胁才不会成为空洞的威胁。

现在我们来聊聊被驱使是指什么：假设我们看到一个醉汉，他总是很"积极"，大喊大叫，指手画脚。或者想想那些处于狂躁状态的人。这样的人过于"积极"，他们相信自己能够拯救世界，他们说着话、发着电报、忙着跑腿。他们展现出超乎寻常的"积极"。但我们知道，这种"积极"的动力是酒精或躁狂症患者大脑中的某种电化学紊乱。他们的表现也是极端活跃的。

"积极"仅仅是对刺激的反应，或者以激情的形式被驱使，本质上都是消极的，不管有多么小题大做。"激情"这个词与痛苦有关。当谈到一个非常有激情的人时，你会使用一个相当矛盾的表达。施莱尔马赫（Schleiermacher）曾经说过："嫉妒是一种激情，它（使人）狂热地寻找造成痛苦的东西。"这不仅适用于嫉妒，也适用于一切给人带来激情的东西：对名誉、金钱、权力和食物的迷恋。所有的瘾都是制造痛苦的激情。它们都是被动的。我们今天的语言使用在这一点上有点混乱，因为激情被理解为非常不同的含义。但我现在不想多说这个。

如果你只看那些做出反应或被驱使的人的"积极"——传统意义上消极的人的"积极"，你就会发现他们的反应并没有带来任何新的东西。这只是惯例。反应总是相同的：对于同样的刺激反应相同。你很清楚接下来会发生什么。一切都是可以预测的。此处没有个性，力量没有施展，一切似乎都是程序化的：同样的刺激，同样的效果。这也是我们在动物实验室中观察到的老鼠的情况。同样的道理也适用于行为心理学，它认为人类主要是一种机制，人会对特定的刺激做出特定的反应。理解这个过程，研究它，并从中得出诀窍，这就是人们所谓的科学。也许这就是科学，但它是不通人性的！因为一个活人不会以相同的方式反应。他每时每刻都是不同的人。他从不会完全不同，也不会完全相同。赫拉克利特是这样说的："人不可能两次踏入同一条河流。"因为"万物皆在流动"。我想说：行为心理学或许是一门科学，但它不是一门人的科学，而是一门被异化的人用被异化的方法进行异化研究的科学。它虽然能够强调人的某些方面，但不会影响活着的人，影响尤为人性的那部分。

　　我想用一个在美国工业心理学中扮演重要角色的例子来澄清积极与消极之间的区别。埃尔顿·梅奥（Elton Mayo）教授在被西部电气公司雇用时做了如下实验，目的是研究如何提高芝加哥霍桑工厂低文化水平工人的生产率。当时人们认为，如果早上给他们十分钟的休息时间，或者给他们十分钟茶歇时间，他们可能会工作得更好。这些文化水平不高的工人要做一些非常单调的工作，也就是绕线轴。不需要手艺，不需要动脑，它是你能想象到的最被动、最单调的事情。当时，埃尔顿·梅奥向他们解释了他的实验，并首先开启了下午的茶歇时间。生产率立即提高了。然后，他又设定了晨间休息时间，生产率再次提高。进一步的福利会导致进一步的生产力，足以弥补公司因这些福利造成的费用和损失。

换作一名普通教授，他会在这一步时结束实验，并建议公司董事们通过损失二十分钟的时间来实现更高的生产率。埃尔顿·梅奥则不同，他足智多谋。他想知道如果削减福利会发生什么。因此，他首先取消了茶歇时间——产量继续增加。然后他取消了早晨的休息时间，产量仍在继续增加。就这一情况，一些教授会耸耸肩说：好吧，可以看出这个实验并不具有说服力。但忽然有一个想法出现在我们脑中：也许这是文化水平不高的工人们有生以来第一次对他们在工厂里所做的事情感兴趣。绕线轴依旧单调乏味，但他们已经被引入了这个实验，所以觉得自己在一个相互关系中发挥了作用，他们所做的贡献不仅对某不知名厂主的利润很重要，而且对全体工人都很重要。梅奥能够证明，正是这种意想不到的兴趣和参与感，而不是上午或下午的休息，使工作变得更有成效。这为新的思考方式提供了契机和动力：提高生产力的动机更多地在于对工作本身的兴趣，而不是休息、加薪和其他福利。我只是想以此展示积极和消极之间的关键性区别。只要工人们不感兴趣，他们就是消极的。在参与实验的那一刻，一种合作的感觉在他们身上油然而生，他们变得积极并且从根本上改变了他们的态度。

现在让我们来看另一个简单得多的例子。大家试想，有一名游客——手里当然拿着相机——来到某个地方，看到一座山、一片湖、一座城堡、一场展览。但他实际上并没有直接观赏，而是从一开始就通过即将拍摄的照片来看。对他来说重要的现实是被记录、被占据的现实，而不是展现在他面前的现实。图像作为第二步，先于第一步观赏本身。如果他的口袋里放入这张照片，他就可以把它给朋友们看，就好像他自己创造并记录了这世界一隅，或者他十年后仍记得他当时在哪里。无论如何，照片作为人为的感知，取代了原始的感知。许多游客甚至连瞧都不瞧一眼，便立即拿起设备，而优秀的摄影师会首先接收他马上要用相机拍摄的内容，也就是说，首先与他接下来拍摄的内容产生联系。这种"优先观察"就是一种积极行为。这种差异无法通过实验来测量。但是你可以从他脸上的表情看出这一点：一个人因为看到美丽的东西而高兴。他可能会拍，也可能不会。也有一些人（当然只有少数）拒绝拍照，因为照片会破坏记忆。在照片的帮助下，你看到的只是一段记忆。但如果你试着在没有照片的情况下回忆风景，那么它会在你身体里重生。看到风景栩栩如生地展现在你面前，风景也就回来了。这不是一段像背书一样的记忆回归，而是你自己重新创造的风景，你自己制造了这种印象。这类积极的形式使人精神焕发、如沐春风、精力充沛，而所有的消极都使人无精打采、情绪低落，有时甚至充满仇恨。

设想你被邀请参加一个聚会。你已经确切地知道这人或那人会说什么，你会说什么，然后他再回答些什么。就像在机器世界里，每个人都说得很清楚，也很规范。每个人有自己的观点，什么事也没有发生——当回到家时，你的内心深处会感到非常疲倦。当身处聚会，你可能看起来非常活泼和积极：你和你的对谈者一样说话，甚至表现激动，但这仍然是一场消极的谈话，因为对谈的双方就像刺激和反应一样说着自己的内容，不断地重复"播放"着破损的、陈旧的"唱片"；没有什么新东西产出，只有纯粹的无聊。

在我们的文化中有一个奇怪的事实，那就是人们没有充分意识到无聊带来的痛苦。如果有人被单独囚禁，而且这个人不管出于什么原因，不知道凭一己之力能做些什么，他内心没有想法去做一些鲜活的事，去产出一些东西或者召唤自己的思绪，那么他就会觉得无聊是一种累赘、一种负担、一种瘫痪，而这些他自己也无法解释。无聊是最糟糕的酷刑。它非常现代，非常猖獗。受无聊支配却无法保护自己的人感觉就像一个严重抑郁的人。为什么大多数人都没有意识到无聊是多么恶劣、多么痛苦？我认为这个问题的答案很简单：今天我们生产了很多人们可以接受的东西，帮助人们克服无聊。人们要么服用镇静剂，要么喝酒，要么从一个鸡尾酒会到另一个鸡尾酒会，要么和妻子争吵，要么被媒体分散注意力，要么沉迷于性生活来掩盖无聊。我们的许多活动都是为了避免无聊的情绪被唤醒。但不要忘记当你看了一部愚蠢的电影或以其他方式压抑你的无聊时，经常会出现糟糕的感觉；也不要忘记当你意识到这实际上非常无聊时，当你没有利用好时间而是消磨了时间时而产生的懊悔。这在我们的文化中很奇怪。我们做任何事都是为了拯救时间、节约时间，可是我们拯救或节省了时间，又将它白白消磨掉，因为我们不知道如何利用它。

3. 生产需求

这是一个流传甚广的观点——不仅在外行人中，而且在许多科学家中——人是机器，根据特定的生理需求运作。人类有饥渴感，需要睡觉，有性欲和许多其他的需求。生理上或生物性的需要必须得到满足。如果没有得到满足，这个人会变得神经质，甚至死亡，比如因饥饿而死。但如果他们满足了需求，那么表面上一切都会井然有序。然而，现在的研究表明事实并非如此。可能所有生理上和生物性的需求都得到了满足，但这个人仍然觉得不满足，也就是说，他不能与自己和睦相处，他可能有严重的心病，尽管他看起来拥有所需要的一切。他缺乏那种能激发积极性的刺激。

我想简要举几个例子。近几年出现了一些关于完全摆脱刺激的有趣实验。例如，把人放在一个隔离的牢房里，房间里有恒定的温度、光线；他的食物会被送进去，只是没有任何刺激，他所处的环境就像胎儿在子宫里。这个实验进行了几天之后，这些人身上就出现了严重的病理症状，通常是精神分裂症。虽然他们在生理上得到了满足，但这种消极状态引发了心理上的疾病，甚至会导致精神错乱。同样的情况在胎儿身上是正常的（即使刺激没有像在这个实验中那样完全规避），在成人中却变成了致病的情况。

还有人进行了富有启发性的尝试，试图阻止人们做梦。阻止人做梦是有可能的，因为据观察一个人在做梦时眼球转动得非常快。如果你在此时叫醒他，就可以阻止他做梦。这些被叫醒的人出现了明显的疾病症状，这意味着做梦是必要的。即使在睡眠中，人们在情感上和精神上仍然保持积极。如果人们停止这种积极活动是会生病的。

动物心理学家哈洛（Harlow）用猴子做了实验。他注意到，猴子在一个复杂的实验中参与了十个小时，它们坚持拆解着一个特殊的组装物，很有耐心，尽管没有任何奖励或惩罚，也不存在刺激反应链的任何元素，它们只是对这一劳动本身感兴趣。即使是动物——尤其是灵长类动物——也会产生高度兴趣，而这种刺激并非仅仅来自食物或害怕受到惩罚。

人类在三万年前就发展了艺术。人们常说这是为了达到施法的目的。例如，洞穴壁画中美丽的动物形象充分展现了最优雅的动作。人们之所以画这些画，是因为他们相信这样的画能使狩猎更加成功。也许是这样。但真的能以此解释它们的美丽吗？为了施法的目的，没有必要在洞穴或花瓶上进行这么精致的作画和装饰。更确切地说，我们今天仍然可以感知那种美，那是一种附加价值。换句话说，人除了对实用的、有针对性的物品和商品感兴趣外，还对创造、设计和自身力量发展方面保持着积极的兴趣。

德国心理学家卡尔·布勒（Karl Bühler）创造了一个很好的词，即"功能性快乐"。它的意思是，积极的生活能带来快乐，快乐就在于这个人享受他的忙碌，不是因为他需要这个或那个，而是因为创造的行为和个人能力的表达本身就能创造快乐。这当然会对教育产生影响。才华横溢的意大利人玛丽亚·蒙台梭利（Maria Montessori）认识到，旧时的奖惩原则是用来驯服孩子的，而不是用来培养他们的。与此同时，大量研究证实，当活动本身产生内在的满足感时，人们确实会学得更好。我认为，当一个人表达了他自己，表达了他内在的力量时，他才是他自己。如果他只是用"占有"来代替"存在"，那么他就会衰退，就会变成一件物品，他的生活就会变得毫无意义。这会带来痛苦。真正的快乐在于真正的积极，而真正的积极是人类力量的表达和成长。请大家不要忘记，从纯粹的脑生理学观点来看，可以确定的是，脑部的紧张促使脑细胞的生长。这种增长甚至可以称量。这和人们使用肌肉的情况没什么不同。简单的例行公事只能证明它们自身已经是什么，而不能证明它们可能是什么。

现在，我想就我们对富足的思考补充一些经济和社会方面的内容。人类历史以几个主要的阶段划分。也许我们可以由此聊开：在很长一段时间里，猿进化为人类。这花了几十万年。这种转变并不是特定的步骤或时刻，而是一个由量变慢慢转为质变的过程。人类大约在六万年前才开始出现，而现代人类，即智人，大约在四万年前进化而来。这就是我们开始的地方，听起来短得不可思议。

人和动物有什么区别？区别并非在于是否直立行走。这种情况在猴子身上早已发生，远在大脑进一步进化之前。区别也不在于工具的使用，而是一种决定性的新内容，一种完全不同的品质：自我意识。动物也有意识，它有对客体的意识，它知道这是这个、那是那个。但是，当人出生时，他有一个不同的、新的意识，即他自己的意识：他知道他存在，他是不同的，与自然分离，也与他人分离。他有着自己的经历。他有自我意识，他会思考、会感知。据我们所知，在动物世界里没有类似的情况。这就是人之所以为人的特殊之处。

从人作为一个完整的人降生的那一刻起，粗略计算，人在普遍贫困、普遍物质短缺的情况下生活了三万年。他们是猎人，靠狩猎动物、搜集可以食用且无需栽培的东西为生。这一时期的生活以贫穷困苦为特征。但随之而来的是一场伟大的革命。它也被称为"新石器革命"，距离现在大约一万年。人们开始进行物质生产，不再依靠"落在"他们身上的东西或可以狩猎的东西生活，而是成为耕地的农民或动物饲养者。他们利用自己的思维、技能和远见亲手生产出比他们眼下需要的更多的东西。

今天，拿着普通的犁的农民在我们看来似乎很原始，但事实上，这是第一个超越从前生活的人。之前的人纯粹依赖自然，而此时人类开始用其大脑、想象力和才干来影响世界并创造生活空间。人们计划、建造，并且第一次确保了相对的富足。原始的农业和畜牧业没有持续多久。文化出现了，城市出现了，于是第二个时代很快到来了：一个相对富足的时代。我所谓的"相对富足"是指，虽然过去的贫穷困苦已经被克服，但富足并不足以覆盖每个人。它只覆盖了少数领导社会、掌握权力、把最好的留给自己的人，所以剩下的还是大多数人。不是每个人都能衣食无忧，不是每个人都享有这种富足。所以，简而言之，我们可以说，自新石器革命开始以来就存在的相对富足或相对稀缺，虽然规模有所变化，但今天仍然存在。

相对富足就像一把双刃剑。一方面，人类成功地创造了文化，有物质基础来建造房屋、组织国家、供养哲学家等等。另一方面，相对稀缺意味着小群体不得不剥削大群体。没有大多数人，这样的经济就不可能繁荣。发动战争并不像有些人津津乐道的那样基于人类的本能和天然的破坏欲；战争其实在新石器时代才开始，因为那时才有东西值得被抢夺。人们以这样的方式共存，发明了战争，并以此作为一种机制，来攻击那些拥有他们想要的东西的人。我们曾经对战争有过复杂的解释。"我们受到了威胁！"他们这样声称是为了证明战争的正当性。事实上，它的原因很容易理解。

所以我们要将文化以及战争和人对人的剥削归于"相对富足"这一新石器时代的成就。从那以后，人类多少有点像生活在动物园里。照这么说，我们整个基于对人类观察的心理学，可以与动物观察阶段相比较。在这个阶段，所有关于动物的知识都是基于对动物园里动物的认识，而不是基于对野生动物的认识。心理学表明，动物园里的动物与野生动物的行为有显著不同。索利·祖克曼（Solly Zuckerman）在伦敦摄政公园的动物园观察到，狒狒非常具有攻击性。起初，他认为这是猿类的天性。但后来他得知，其他研究人员曾在野外观察过狒狒，发现它们很少有攻击性。被囚禁的状态、无聊、对自由的限制——所有这些都导致了攻击性的增加，而这在自然条件下是不会发生的。

我只想以此澄清一点：人和动物在被囚禁时的行为和自由时的行为是不同的。但之后的第一次工业革命对于人们来说是新的形势，实际上它从文艺复兴时期已经开始，并在我们生活的世纪愈演愈烈：机械的力量忽然取代了动物和人类的力量，即天然的力量。机器产生了能量，而在此之前能量都不得不由生物提供。与此同时，新的希望被点燃。一旦人们能使用这种能量，就能为所有的人创造富足，而不仅仅是少数人。

第一次工业革命之后不久便开始了一场被称为"第二次工业革命"的运动，其特点是，不仅人类的能量被机器所取代，而且思维也被机器取代了。我说的是控制论，机器自己生产并引导其他机器。按照控制论，生产的可能性已经增加并且正在飞速增长，人们可以预见到——除非在此之前战争爆发，饥荒或流行病毁灭人类——我们可以用这种新的生产技术实现绝对的富足。全人类必将不再穷困、不再潦倒，而能够过上富足生活——不是过剩，更确切地说是满足的生活，人们可以由此摆脱对饥饿和威胁的恐惧。

然而，今天的现代社会发展出了一些过去不存在的东西：它不仅生产商品，也生产需求。什么意思呢？人们总是有需求的：我们想要吃喝，住在漂亮的房子里，等等。但是如果你现在环顾一下四周，就会发现广告和包装越来越重要。人们的欲望几乎不是来自自身，而是被外界唤醒和控制的。即便是那些生活富足的人，想到他们理应需要的大量供给，也会觉得自己很穷。毫无疑问，工业要在现今的体制中存在，也就是说要赢利，它就会成功地生产出它想要满足、必须满足的需求。我们目前的经济体制是基于生产最大化和消费最大化的，而十九世纪的经济是基于储蓄最大化的。在我们的祖先看来，买一些没有能力买的东西是一种恶习，这在现在却成了一种美德。反之亦然：没有需求、不贷款、只买必需品的人被认为相当可疑，是奇怪的人。在美国，任何没有电视机的人都会引人注目，人们显然觉得他并不完全正常。这将带来什么？消费的无限制增长将产生这样一种人：他们有理想，那几乎是一种新的宗教，即极乐天国的宗教。如果你问一个现代人如何想象天堂，很可能不再是周围有很多女孩（男性视角的天堂），而是有一个大型百货公司，里面应有尽有，且有钱买下需要的一切——尽可能再比邻居买得多一点点，因为人的自尊是由他拥有很多东西这一事实决定的。如果想成为最好的，就必须拥有最多的东西。

到底能否到达足够的状态呢？这一问题被令人迷醉的产量增长和消费增长取代了。虽然在这种经济体系中，大多数人拥有的东西比他们需要的多得多，但他们仍感到贫穷，因为他们无法应付商品增长的速度和数量。这种现象增加了消极、嫉妒和贪婪，最终导致内心的软弱、无力和自卑。人只以自己所拥有的而不是自己是什么来体验自己的存在。

4. 父权秩序的危机

我们已经看到，消费导向创造了一种过剩和疲惫的氛围。这个问题与正在西方世界肆虐的一场危机密切相关。它通常被误解，因为人们对表象比对原因更感兴趣。我指的是父权——威权社会结构的危机。

这是什么意思呢？首先我想帮大家回忆十九世纪最伟大的思想家之一、瑞士学者约翰·雅各布·巴霍芬（Johann Jakob Bachofen）的理论。他首次系统地、科学地证明了社会是由两个截然不同的结构性原则决定的：母权原则和父权原则。它们有什么不同？

在《圣经·旧约》和自古罗马时代以来我们所了解的父

权社会中，父亲占有并统治着家庭。当我说到"占有"时，我指的就是字面意义上的"占有"。因为在原始父权论中，妇女和儿童同奴隶或牲畜一样，是父权家庭（pater familias）的财产。一家之主可以随意处置他们。想想今天的年轻人，我们似乎已经远离了这个古老的法则。但不可忽视的是，这种父权法则在西方世界以或轻或重的方式延续了大约四千年。

在母系社会，情况正好相反。最受尊敬的人是母亲、母性的形象，不仅限于统治，母亲在各方面都毫无争议地处于核心地位。父爱和母爱有很大的不同。从本质上讲，父爱永远只是有条件的爱，它取决于某些要求是否被满足。当我说"父爱"的时候，我指的不是某位父亲的爱，而是一般意义上的父爱。马克斯·韦伯（Max Weber）称之为"理想类型"。父亲最爱最符合他期望和要求的儿子。这个儿子也最有可能成为父亲的接班人和继承者。在父权制结构中，通常会有一个最受欢迎的儿子——通常是最年长的，但也不一定。如果你们读过《圣经·旧约》就会发现，里面总有一个最受宠爱的儿子。他是父亲所偏爱、所"选中"的。他喜欢这个儿子是因为这个儿子服从他。

这在母权制结构中是不同的。母亲平等地爱着她所有的孩子，因为他们毫无例外地是她子宫的果实，需要她的关注。如果母亲只养育那让她喜爱、听她话的孩子，那么大多数孩子都会死去。如你们所知，婴儿根本不会做母亲期待的事。如果母亲有父权制一般的爱，那将是——从生物学、生理学上——人类的终结。母亲爱孩子，因为这是她的孩子。这就是为什么在母系社会里没有等级制度，她们将同样的爱给予所有需要被爱的人。

我在这里简要介绍巴霍芬的理论。在父权社会中，最高原则是国家、法律和抽象理论。在母系社会里，是自然的纽带把人们联系在一起。他们不需要思考和刻意为之，他们只是自然地存在着。如果大家曾经花时间读过索福克勒斯的《安提戈涅》，那么我在这里所提及的一切大家都能看到，而且更详细、更有趣。文中描述了以克瑞翁为代表的父权原则与以安提戈涅为代表的母权原则之间的斗争。对克瑞翁来说，国家的法律是第一位的，任何违背法律的人都必须被处死。另一方面，安提戈涅遵循血缘、人性和慈悲的法则，任何人都不允许违反这一最高法则。这场闹剧以我们今天所谓的法西斯主义的失败而告终。克瑞翁被描绘成一个典型的法西斯领导人，他只相信一件事，那就是权力和个人必须完全服从国家。

宗教也属于这一范畴。西方的宗教自《圣经·旧约》以来一直是父权宗教。上帝被描绘成一个必须服从的伟大权威，而佛教则没有这样的权威。对于良知的理解作为一种内化的权威，与父权社会有着密切的联系。弗洛伊德谈到了"超我"，指出禁令的内化和父亲的戒律。我不能随意对待某事，因为父亲对我说"你不能这样做"。我已经让父亲进到我的内部，"我身体里的父亲发出了命令和禁令"。从根本上来说，这个命令或禁令的有效性是基于父亲的。在对父权社会中人的良知的描述里，弗洛伊德是绝对正确的，但是他错误地描述了良知本身，忽视了它与社会的关系。因为在一个非父权社会里，有完全不同形式的良心。我现在不能也不愿谈这个。但至少我想提一下，与独裁主义的良知相反，还有一种人文主义的良知。这种良知根植于人的内心，告诉人们什么是对人自身、对人的发展和对成长有益且有促进作用的。这种声音通常很小，经常被人忽略。但无论是在心理学还是生理学领域，许多研究人员都发现有一种迹象，即"健康良知"，一种对美好事物的感觉。如果一个人听从自己的声音，他就不会听从其他权威的声音。他自己的声音让他朝着一个目标前进，这个目标在身体和精神层面潜藏于他的机体中，告诉他：这里你是对的，那里你是错的。

当我们谈到当前的父权-威权秩序的危机时，所有这些都必须考虑在内。我们面临着一个非常引人注目的情势。在西方，我们正在经历传统价值的解体。正如我已经指出的，这与我们的富足问题有关。让我来解释一下。一个人越抵触放弃，就越要训练他服从，这样他就不会在被要求放弃时反抗。弃绝是上帝、国家、法律或他人强加给某人的一种非自愿的、被认为是明智的必然。如果没有毫无疑问的服从，人们可能会认为自己不再有意志继续放弃下去。这对任何社会秩序来说都是非常危险的。在这些社会秩序中，放弃和服从是不可缺少的结构元素。如果放弃和服从的态度不是通过心理机制和社会事件深深根植于社会之中，那么社会就不复存在了。但随着富足的增长，对放弃和服从必要性的判断不可避免地减弱。一个人为什么要听命于一个要求放弃和服从的权威呢？人们几乎可以得到任何他想要的东西。这是导致危机的原因之一。

另一个原因可能是新的生产技术。在十九世纪和二十世纪初的工业革命中，当还在使用老式机器工作时，工人们首先必须服从一切，因为只有通过他们的工作，才能使家人免于挨饿。仍然存在一些强迫性服从，但一切都在迅速变化，因为生产技术正越来越多地从过时的机器技术转向现代控制技术。此时，上个世纪所需要的专制服从的形式已不再必要。如今，人们在团队中工作，与机器打交道，这些机器大多能自己纠正错误。之前的服从被一种不需要服从的纪律所取代。有了可操控的机器，人们就像下棋一样操作。这当然是夸大其词。但是人们对机器的态度已经发生了根本的改变。单一的上下级关系越来越少，合作和相互依赖的方式盛行。当然我还是想顺便强调一下，所有这一切并不像人们常说的那样美好和积极，也不像现在我看来的那样。我并不是说现代生产技术使人脱离异化、变得独立，而只是想让大家注意到与之前相比的一些重要变化。

在我看来，造成父权结构危机的另一个原因，是政治革命这一显而易见的事实。自法国大革命以来，人们已经经历了许多革命，虽然它们从未实现自己的承诺和计划，但至少动摇了旧的局面，最重要的是，对独裁的局面提出了质疑。如果没有服从，尤其是盲从，封建时代就不可能维持。它缓慢但也最终瓦解了。一场不能称为失败而至少应称为部分成功的革命，其本身就证明了不服从是可以获胜的。

在权威的道德中只有一种罪恶，那就是不服从；还有一种美德，那就是服从。这虽然是不被承认的（也许反动派除外），但基本上在教育和价值观形成的背后，到处都有这样的理念：不服从是一种极大的恶。

例如，《圣经·旧约》中亚当和夏娃所做的事本身并不是坏事，相反，吃了知识之树的果实，通过这一行为，首先开启了成为人类的道路。然而他们是不服从的，这种不服从被传统解释为原罪。事实上，不服从是父权制结构中的原罪。但是随着危机和崩塌的到来，随着对父权制结构的质疑，罪的概念也随之变得很可疑。我待会再讲这个。

除了中产阶级革命、工人革命之外，还有一个重要的革命，那就是女权运动。虽然女权运动偶尔会以某种非比寻常的形式出现，但实际上已经取得了惊人的进展。像孩子一样，女人曾是男人的物品和财产。这种情况已经发生了改变。虽然与男性相比，她们仍然处于劣势，例如在薪酬方面，但她们的地位和觉悟却大大加强了。所有的一切都证明了这样一个事实：女权运动将会继续下去，就像青年和儿童的运动一样。她们将看清、阐明和捍卫自己的权利。

　　父权社会危机的最后一个原因，我认为是最重要的：自本世纪中叶以来，许多人，尤其是年轻人，已经注意到这个社会已自证是无能的。当然你可以说我们有惊人的成就，技术实现了意想不到的可能性！但这只是事物的其中一面。另一方面，这个社会已经显示出它无力阻止两场大战和更多的战争。它允许或推动了人类的自残。在历史上，我们从来没有像今天这样不得不静候如此多潜在的破坏。这揭示了一种任何完美技术都无法掩盖的令人愤慨的无能。

　　如果一个富足的、有能力登月的社会无法对抗毁灭的风险，那么它就不得不承认自己无能。面对威胁生命的生态破坏，它无能为力。在印度、非洲、世界上所有的非工业化地区，饥荒危机日益严重，但除了寥寥数语和空洞的姿态，什么也没发生。我们浪费着、生活着，就好像我们没有意识到后果一样。这是一种能力的缺乏。它正大光明地削弱了我们年轻一代的信任。我认为，尽管我们这个成功的社会有很多优点，但人们在处理最重要的问题时缺乏能力，这在很大程度上导致人们不再相信父权社会的结构和影响。

　　在讨论上述危机的后果之前，我想强调的是，"富足社会"在西方社会也只是部分存在。即使在美国，也有近40%的人口生活水平**低于**标准。实际上世界上有两个层次的人：一层生活富足，另一层因为贫困而被认为不值得讨论。在林肯时代，自由和奴役是有区别的；而今天，我们必须区分过剩的富足和贫困。

我在这里所说的关于**消费人**的一切并不适用于生活贫困的人群，尽管他们被一个美妙的想法所吸引，即那些享有奢侈品的人过着天堂般的生活。穷人是富人表演时的配角。这同样适用于少数民族，在美国尤其针对有色人种。不仅如此，全世界都是这样，也就是说三分之二的人类从未受益于父权社会，包括印度人、中国人、非洲人等等。为了在专制主义和非专制主义的多数之间取得正确的平衡，我们必须认识到，富足社会虽然仍然占主导地位，但它所面临的不仅是完全不同的传统，更要面对我们已经感受到并将继续体验的新力量的挑战。

5. 宗教的惨败

尽管大多数人肯定会在调查中这样回答：他们相信上帝；尽管去做礼拜依然相当重要且自称"无神论者"依然相当罕见，但不能被忽视的是，宗教被我们社会中的父权结构危机所影响。神学家也清楚地认识到并声明，我们所了解的宗教正垂死挣扎。这个过程已经持续了几个世纪，但愈趋近现代，这个过程加速得愈快。

因为宗教有双重功能，它的惨败也是双重的。我们所熟悉的宗教，本质上是建立在犹太—基督教传统的基础上，既具有解释自然的功能，又具有道德原则（即伦理学）的功能。这两种功能之间没有任何关系，因为你如何解释自然是一回事，你拥有什么样的道德原则和价值观又是另一回事。最初，这两种功能并不是分开的。原因有很多。首先，关于代表着最高智慧、最高权力的上帝创造世界这一观点，实际上是一个貌似合理甚至是理性的假设。即使今天的你作为一个坚定的进化论者，将世界的发展、人类的发展想象成自然选择或突变的结果，但是看起来，"上帝是造物主"这一论点，比"现在的人是数亿年的产物，是某种偶然但至少符合自然选择的原则"这一论点更容易理解和接纳。达尔文对自然的解释似乎完全合乎逻辑且可信，然而在我们的意识中，这仍然是陌生的。

即使是在最原始的时代，人类也始终想要了解世界的面貌和起源。例如，下面这种对于世界起源的描述是很古老的：某个人被杀了，然后他的血流了下来，他的血用来造人，不是**所有**人，只有勇者。懦夫和女人不是用血，而是用两条腿的肉做成的。这是康拉德·洛伦茨（Konrad Lorenz）认为杀戮是人类本能、嗜血是与生俱来的这一理论的旧版本。相信这个神话的人，"亲切"地将女人排除在嗜血的欲望之外。然而，她们却因此被归为懦弱一类，直到今天都没有太大的变化。根据父权社会的偏见，女人比男人**更**没有良心、更虚荣、更懦弱、更不现实。众所周知，这是错误的。在许多情况下，这两者的属性可以颠倒。大多数女人都知道当男人生病时会做出可怕的举动。男人总是比女人更怕痛、更没有安全感。但人们这样说并不是为了维护神话。这从根本上和种

族宣传是一样的：白人对有色人种的看法往往与男性对女性
的看法处于同一水平。甚至弗洛伊德也声称女性的良知不如
男性。很难想象一个人怎么会比男人更没有良心。当然，这
不过是关于敌人低人一等的宣传报道，在一个团体统治另一
个团体的任何地方，都可以看到这种情况，而且必须保证被
控制一方的自信总是被压制下去，从而不发生叛乱。

解释自然只是宗教功能的一个小小的脚注。它很好地完
成了这项任务，直到达尔文发现，人可以理性地、科学地解
释世界的起源、人的起源，无需通过造物主来解释，而是根
据进化规律。我已经说过，对于外行人来说，进化论甚至比
上帝的概念更难理解，但是从科学角度来看，世界的起源不
再是一个谜。在进化论面前，"上帝"变成了一个假说，创
造世界和人类的故事变成了一个神话、一首诗、一个象征，
虽然表达了一些东西，但并不代表科学真理。

当人们不再对宗教解释自然的说法深信不疑时，可以这
么说，宗教失去了一条腿。不过它仍然保留着宣扬道德准则
的功能。"爱邻居！""爱他人！"《圣经·旧约》里这样说。
"爱你的敌人吧！"《圣经·新约》里这样说。"把你最后一
件衬衫给穷人吧！"如果你认真对待这些教导，那你怎么还
能在现代社会中成为成功人士呢？一个人变成傻瓜，不是攀
上而是爬下成功的阶梯。《圣经》中的伦理虽用来劝诫，却
未经实践。所以我们双轨并行。利他主义被颂扬，人们应该
博爱；与此同时，渴望成功的冲动阻止了这些美德的实践。

（但是，我必须补充一点，在我看来，一个人很可能成为一个好的基督徒或一个好的犹太教徒，也就是说，一个有爱心的人不会在这个社会饿死。这取决于一个人的能力，以及他在真理和爱情中需要的勇气，而不是为了事业成功而牺牲自己。）

毕竟，基督教或犹太教的道德与成功、冷酷、自私、不给予、不分享的道德是不相容的。这是事实，对此我无需赘述。当问自己这个问题的时候，你们每个人都知道答案。此外，这种双轨并行已经被描述和批评得够多了。简而言之：现代资本主义实践的"伦理"切断了宗教的另一条腿。它不再是价值的代表，因为人们不再相信它有这个功能。因此，上帝既放弃了成为世界的创造者，也放弃了成为博爱主义和战胜贪婪的宣传者。然而，人类似乎不能或不想过完全没有宗教的生活。人们不只是靠面包过活，他们必须有幻想、有信念，这样才能激起他们的兴趣，从而将他们从纯粹的动物提升为人。回溯早期的异教及其崇拜可能在目前没有吸引力，但我还是想说，在我们这个世纪，一种新的宗教正在发展，我想称之为"技术宗教"。

技术宗教有两个方面。一个方面是极乐世界，这是一种对不受阻碍、无限满足的需求的设想。人类的需求被不停地生产出来，没有止境；而人就像永远张开嘴巴嗷嗷待哺的婴儿，越吃越多。天堂让人体验绝对的快乐，以及带来使人被动和懒惰的虚伪的富足。技术的目标是使人摆脱努力。

这种技术宗教的另一方面要复杂一些。自文艺复兴以来，人类的思想集中在洞悉和理解自然的奥秘上。大自然的秘密同时也是其创造者的秘密，至少部分如此。四百年来，人类一直致力于发现大自然的秘密，以便能够掌握它们。人类最深刻的意图不仅是观察大自然和世界，而且是能够自己创造它。说得尖锐一点儿（在这里很难找到适当的措辞）：人自己也想成为上帝。神能做的，人希望也能做。我认为，我们所看到的景象——宇航员用靴子在月球上留下印记的那一刻的兴奋——是异教的宗教行为，是人类成为上帝并敢于挑战极限的第一步。在当时的基督教报纸上也可以读到：这是自创世以来最伟大的事件。对于基督徒来说，在创世后断言"人类成为上帝是更伟大的事件"是不谨慎的。但是，当人类主观地体验到，人类克服了自身的局限，失去了地球引力，走上了通往无限的道路；那一刻，这一切都被遗忘了。

我说的有些内容听起来可能有些夸张，但我想提请大家注意的是表象之下缓慢发展的趋势。人们对登月的狂热只是为科学的成功喝彩吗？几乎没有可能。还有比这更了不起的科学发现，却连将一只猫从壁炉后面引诱出来都做不到。一些新的事物滋生出来，一种新的崇拜形式崭露头角，其中技术是新的神，或者人类自己成了神，而宇航员是这个宗教的大祭司。这就是他们受人钦佩的原因。但人们不能承认这一点，因为他们是基督徒或犹太教徒，至少不是异教徒。这就是为什么人类要遮盖、合理化一些事物。但在这整个捉迷藏游戏的背后，我认为，一种新的宗教正在兴起。在这种宗教中，科技成为哺育和满足她所有孩子的伟大母亲。我知道这一切很困难，这个新宗教的动机也是错综复杂的。无论如何，这个新的宗教没有宣布任何道德原则，除了一件事——人们必须做技术上可能的事！技术可能性成为一种道德义务，成为道德本身的源泉。

陀思妥耶夫斯基说过：如果上帝死了，一切就都被允许了。他认为，在此之前的道德观念是建立在对上帝的认识之上的。如果人类不再相信上帝，如果上帝不再塑造人类的思想和行为，那么必须提出这样一个问题：人类是否完全不道德？人类是否不再遵循任何道德原则？实际上，这个问题应该被认真对待。如果悲观一些，你可以认为事实就是如此：我们的道德感在持续下降。过去和现在有很大不同。例如，1914 年，人们遵守了两条国际规则：没有平民在战争中丧生，人类没有遭受酷刑。如今，每每发动战争，自然会有平民丧生，因为对使用武力的限制不再是共认的。技术不允许产生这种差异。它匿名杀人，只需按下一个按钮。因为对方不被看见，所以同情和怜悯的情绪就不会产生。再者，人们使用酷刑。每个人都否认，但其实大家都了然于心。酷刑是一种广泛使用的信息勒索工具。如果我们知道有多少国家使用酷刑，一定会感到惊讶。

也许说残忍行为在增长是不正确的，但不可否认的是，人性正在衰退，道德也随之被抑制。它给世界带来了巨大的变化。另一方面，我们认识到——特别是在较年轻的一代——新的道德标准已经确立，例如在争取和平、争取生命、反对破坏和反对战争的斗争中。这些不仅仅是空话，而是许多年轻人（但不仅限于年轻人）对不同的、更好的价值观和目标的认知。数以百万计的人已经变得敏感，因为生活遭到了各种破坏，不人道的战争不能使人们自我保护。也有新的爱的道德，与消费相反，也许在有些地方被扭曲，但仍然令人印象深刻地反抗着空洞的形式和套话。我们还在政治领域里的自我牺牲中找到了新道德的例子，尤其在无数解放斗争和争取自主权的努力中。

有一些发展进程是鼓舞人心的，因此我认为陀思妥耶夫斯基将道德原则和对上帝的信仰结合起来是错误的。佛教就是一个很好的例子，说明在一些文化中有道德原则，但没有权威的父权制基础。只要你愿意，便可在人道的基础上茁壮成长。这意味着，如果人们不将适用于他们和环境的原则作为生活指导原则，那他们根本无法生存，只会感到困惑和不幸。这个原则不应该从外界强加给人类，而必须由人类自证。我现在不去深入讨论这个问题的许多方面。但是，正如一开始提到的，我想要表达的是人们有一种根深蒂固的对于道德行为的需求，因为不道德会使人失去和谐和平衡。当人类被劝说——以道德为借口——必须杀人，应该服从，只需要追求自己的利益，怜悯只会使他们烦恼，等等，这就是不道德。如果这些声音太大，就可能导致自己人道主义良知的内在声音再也听不见了。之后就会有人有这样的想法：当上帝死了，一切就被允许了。

6. 对抗人类成长的极限

年轻一代在我们正在经历的道德危机中扮演着特殊的角色。我指的是激进的年轻人。所谓的"激进"，不是那些自称激进的人，也不是那些相信任何形式的暴力都可以冠以激进主义之名的人。许多年轻人是幼稚的，而不是激进的——列宁已经在他关于共产主义初期困境的文章中对此作了评论。

但是有很多年轻人不仅在政治要求上激进，而且在与我上一讲的主题密切相关的一点，即专制道德上，也是激进的。这场暴动不仅针对专制（所有革命都反对专制），而且针对父权制原则和根植于其中的道德——按照这些原则，服从是美德，不服从是罪过。这种道德致使一种相当重要的现象发展起来：如果人们没有做他们应该做的事，就会感到内疚。一个人如果不按照他自己的心、感觉、人性去做事，那么这个人就被置于一种专制的秩序之下，他会因违反秩序而不得不感到内疚来作为补偿。

我的印象是，很大一部分年轻一代的特点是从专制道德造成的罪恶感中解脱了出来，这使他们赢得了许多人（包括我在内）的好感。他们在很大程度上终结了犹太—基督教两千年传统中灌输给西方人的负罪感。这种负罪感带来的偏离常规的恐惧在很大程度上决定了我们的行为，却不会因此变得不道德。相反，他们在寻找新的道德原则。

这里必须提到另一个现象，我认为这是年轻一代的特点：一种新的诚实。当人们道歉、合理化、对事物不再直呼其名时，就不会再像前几代人那样有压迫感。在此过程中，人们有时会使用一些不具某种审美地位的表达，这些表达会吓跑一些在传统习俗中长大的人。然而具有决定意义的是，一种诚实出现了，大大不同于常见的资产阶级的、父权制结构的典型的不诚实。在后者的结构中人们必须遮遮掩掩，这也是为什么人们有负罪感，而表面上看起来却总像是优良品质的化身。我们无法承认"没有什么人是陌生的"，因为这会将我们推向不服从的边缘。但当人们认识到并承认人类的现实中既有最好的也有最坏的，他就变成了人。与其对我们消极的潜能感到愤怒，不如把它们作为人类的一部分来体验。

在我看来，西格蒙德·弗洛伊德对这种新的诚实做出了很大贡献。他为诚实开启了全新的维度。在弗洛伊德之前，人们只要保证他们的"好意"就足够了。然而，由于弗洛伊德发现并系统地研究了无意识，意图的表达不再充分了，因为现在的兴趣在于好意背后的无意识动机。所以我们得出结论，不管一个人是否意识到他自己的恶意，或者他是否能足够熟练地合理化恶意，并对自己、对他人矢口否认，都没什么区别。相反，也许一个真正怀有恶意的人已经比那些在意识中压制自己恶意的人培养出了更多的诚实，但后者能够更成功地实现他们的恶意，因为他们能把恶意包装在美好的、有道德的思想中。

从弗洛伊德开始，人类就面临着这样一个事实：他们不仅要对他们的意识和"好意"负责，还要对他们的无意识负责。他们的行动说明了他们的实际情况而不仅仅是言语。有些言语甚至可能毫无意义。但这不能只怪罪于弗洛伊德，人们自己便有说谎的经历——发动战争，数百万人被杀害或因"更高的荣誉"自愿就死，所有这些都根植于谎言、口号。所以，人们说的话越来越少地触动今天的我们。语言和思想很廉价，可以用多种方式包装。这就是为什么年轻人很少问："你怎么看？"而是更进一步："你作何表现？你的动机是什么？"

我认为弗洛伊德的影响，即这种新的诚实的引入，对于西方世界的发展来说尤为重要，比他最令人称道的"性学革命"成就更甚。性学革命，如果大家想这么称呼它的话，即使没有弗洛伊德，也可能会到来——在一个完全以消费为导向的社会里，你不能提醒人们想得到一切能满足他们感官的东西，同时又要求他们放弃性。在消费社会中，性自然成为一种消费项目。现在很多行业都靠这个为生，人们花了很多钱让性变得更有吸引力。与早期相比，这虽然是一种变化，但不是一场革命。这很难追溯到弗洛伊德。

新的积极的方面是，在年轻一代中，性不再与负罪感联系在一起。让我来为大家回忆一下性和负罪感之间的关系。当权威伦理宣称性欲是"罪恶的"，那么自然就会有一个无穷无尽的罪恶感来源。好比我们三岁的时候，每个人都有了一个装满负罪感的银行账户。身而为人，必然有性欲；如果这些欲望被污名化，那么一定会感到罪恶。对性的限制会导致负罪感，而这种负罪感通常被用来建立和维护权威的伦理学。

年轻一代（也有一部分老一辈）似乎终于抛弃了这种负罪感。这是向前迈进的重要一步。但我必须马上补充一句：并不是所有发光的都是金子。在现实中，通过消费主义，性越来越成为一种对亲密感缺乏的掩盖。人们用身体上的亲密代替了关系的疏远。但是身体亲密本身不能产生精神上的亲密。精神上的亲密，即两个人之间真正的联系，可能确实与身体上的亲密有关，甚至可能通过身体上的亲密而被带起且被一再证实，但这两者实则完全不同。特别是当一个人缺乏情感亲密时，容易用身体上的亲密取代精神上的，如果一个人构造正常、需求正常，就很容易发生这样的情况。

我说过，年轻一代不认可父权制秩序或消费社会。但是，青年人也屈服于一种新型的消费主义，这可以从对待毒品的例子中看出。父母买汽车、衣服、珠宝，孩子吸毒。有许多原因可以使吸毒具有更强的依赖性，对此应予以仔细思考。孩子们批评他们的父母，但他们用不同的标签来代表自己，这就是消极、懒惰的**消费人**的一种表达。这些青少年也属于那些总是在等待外界东西的人：等待毒品的效果，等待性的效果，等待催眠他们、抽离他们、迷惑他们的节奏的效果。这样的节奏不会促使他们积极，但会像纵欲一样绑架他们，让他们像在毒品诱导的状态中一样忘记自己，即非常消极。积极的人不会忘记自己，而是一直就是并不断成为他自己。他变得更成熟、更老练，他在成长。正如大家常说的，消极的人永远是婴儿。他所消费的最终是无关紧要的东西；可以这么说，他总是张着嘴等着奶瓶。之后他不需要做任何事就会慢慢感到满足。他一点儿也不动脑，最后将变得迟钝、疲惫和困倦。其睡眠往往是由无聊带来的麻木和疲惫，而不是健康的再生。这种描述似乎有些夸张，但在某种程度上，有这种经历的人比我们想象的要多。而制造需求的媒体诱使我们相信，我们的文化通过消费来证明自己。

在我们这个社会里，存在着人类无法消化、对生存没有任何贡献的糟糕而过剩的富足。我们必须问，能不能——至少在原则上——仍然创造出良好的富足？我们用技术生产出来的富足能被用于任何好的、有效的、对人类及其发展有益的方式吗？应该是可能的。如果我们认识到它增加并满足了**某些**需求，使人们更加积极、活泼、自由，人们并非被激情所推动或仅仅是对刺激做出反应，而是受到鼓舞、敞开心扉、充满兴趣，从而施展内在的力量并活跃、丰富、激励自己和他人。当然这是有前提的，即所谓的自由时间和工作时间都必须以不同的方式规划。我们大部分的空余时间都是闲散的。它通常给我们权力的幻觉：只要按下电视上的一个按钮，就能把世界带到我们家中；或者坐在汽车里，就会把引擎带来的一百马力误认为我们自己的潜能。真正的自由时间我们也有，在某种程度上它促进了植根于人类并致使人类施展其积极性的需求。因此，工作必须终止单调和无聊。而工作组织的问题是：怎样才能使工作变得有趣、刺激、生动呢？

这里出现了关于我们工作目标的根本问题。我们的目标是促进生产和消费吗？或者目标是人类的发展和成长？大多数时候我们都说以下两者是不可分割的：对工业有利者，对人亦有利，反之亦然。这听起来像一个能带来稳定和谐的好想法，但它实际上是一个大骗局。要证明许多事物对工业有利而对人有害是很容易的。这就是我们今天的困境。如果我们像以前那样继续下去，那么进步将以牺牲人类为代价。所以我们得做个决定。按照《圣经》的说法，我们必须在上帝和皇帝之间做出选择。这听起来很有戏剧性，但当你认真地谈论生活时，它就会变得如此奇妙。此刻，我不仅关心生与死的问题，更关心生命中不断增加的死亡与生存的问题。一切的关键在于，如何变得更有活力、更有生机。人们总是在这一点上欺骗自己。他们生活着，却好像已经停止了生活，或者根本没有开始生活。

按照大众的说法，每个人年过四十就要为自己的脸负责。也就是说，一个人的人生故事可以揭示一个人的一生是对还是错（不是从道德意义上，而是从他自身存在的意义上）。最精彩的悼词和功德录不能掩盖我们不该回避的真正问题：我们是否（或曾经）真的活着？我们是活着，还是被活着？我同意马克思和迪斯雷利（Disraeli）这些思想家的观点，他们认为奢侈和贫穷一样罪恶。他们对奢侈的理解和我们这里所描述的过剩的富足是一样的。但如果我们以努力追求令人满足的富足为目标，那么很明显，我们的思维方式和生活方式必须从根本上改变。我当然知道，在我们的环境中实现这些改变尤为困难。

然而，我认为这些改变只能基于人们的深刻体验：他们想要更多的生活、更少的例行公事，拒绝无聊；他们想要的是机会，能让他们更有活力、更自主，从而更自由、更快乐。许多人（特别是技术不发达地区的人）幻想如果拥有了美国人拥有的一切，他们就会幸福。而另一边，认为一切现代舒适并不会带来更多快乐的人恰恰是美国人占多数，他们相当消极、没个性、易于操纵。并非巧合，叛逆的年轻人大部分来自中上层阶级，这体现了令人厌倦的富足。这顶多只会让人在想象中、幻想中快乐，而不是在灵魂深处。

对我来说，弄清楚一个原则似乎极其重要，我们必须把全部注意力放在生活艺术的策略上：如果一个人追求相互冲突的目标，而没有看穿它们之间的矛盾和相悖之处，那么他就错过了生活。大家知道巴甫洛夫的狗的例子吧。它被训练成一看到圆形就饿，一看到椭圆形就拒绝进食的样子。最终，由于圆形和椭圆形太相近，狗已经无法辨别它们了——在这种冲突中，狗生病了，表现出了典型的神经症症状。它感到恐惧、困惑，没有安全感。

人如果追求相互冲突的目标，也会患上精神疾病。人会失去平衡、失去自信、失去洞察力，不再知道什么对他才是好的。首先，我们必须坚定不移地问自己，我们所追求的是哪些相互冲突的目标？它们为什么合不来？冲突对我们有什么伤害？这些问题不能用演讲，更不能用人们热衷的宣传来回答。相反，每个人都应该试着思考并对自己解释："你只活了很短的时间——你是谁？你到底想要什么？"如果我们致力于达到富足，却最终造成了贫穷和困苦，那么在我们体内的想要发展的富足就会被压抑。人类的未来恰恰由我们想要好的富足还是坏的富足来决定。

二、 关于侵略的起源

侵略问题今天越来越受到重视是不足为奇的：我们身后有战争，我们目前正在经历战争，我们害怕一场所有大国正在筹备的核战争。与此同时，人们对于改变这个情况感到无能为力。你可以看到，尽管各国政府看上去充满智慧和善意，但他们无法减少或稳固核军备竞赛。所以可以理解的是，一方面人们想知道攻击来自哪里，另一方面人们也很容易接受一种理论说，侵略不是人民创造的，也不是基于社会环境，而是人性。这一立场因几年前康拉德·洛伦茨出版的《论攻击》（*Das sogenannte Böse—Zur Naturgeschichte der Aggression*）一书而变得非常流行。洛伦茨声称侵略性在人类体内，也就是在人的大脑中持续自发地产生，这是我们动物祖先的遗产。当它没有出口时，这种侵略性会持续增长、越来越强。如果有一个动机，就要表达出来；但如果动机很弱或没有动机，那么这种累积的侵略性最终会爆发。过一段时间，人就会情不自禁地做出侵略性的行为，因为侵略性的能量已经在人体内累积起来。这个理论可以被称为"液压原理"：压力增加得越多，水或蒸汽最终爆炸的可能性就越大。

　　洛伦茨举了一个很好的例子来说明这个理论，即关于他在维也纳的阿姨的故事。这位女士每六个月雇一个女佣——这是过去发生的事。当女佣来的时候，阿姨总是非常热情，期望很高。只消一两个星期，热情就慢慢消退了。最终，她变得挑剔、不满，大约六个月后，她就会对女佣非常生气并解雇她。这种情况差不多每六个月发生一次。举这个例子是为了说明侵略性是如何慢慢积累起来的，以及它如何在某一点上释放出来。

　　从外部来看或许是这样的。但如果你对人类的了解比洛伦茨多一点——毕竟他对动物了解更多——就会知道这不是一个很好的解释。精神分析学家——不只是他们，还有大多数有一点洞察力的人——认为这位阿姨是一个非常自恋、喜欢剥削的女人。当雇用一个女佣时，她希望支付的酬劳或工资不仅买了八个小时的工作，还有爱、忠诚、依恋、友善，以及每天十五小时的工作。所以她总是带着这个巨大的期望对待新的女佣，一开始对女佣可能亲切友好又循循善诱，因为她已经提前假设这将是对的那个人。但进一步观察，这个女佣并不是她所期望的那个人。所以她越来越失望，越来越生气，以至对现在的女佣绝望，希望下次能找到对的人。另外，因为她可能没有太多的事情要做，而更换女佣给她的生活增加了一点戏剧性。这让她有话可说，是她和朋友们能谈论的主要话题。所有这些都与被压抑的侵略性无关，但与非常特定的性格结构有关。我敢肯定，至少你们的长辈认识这样一些人——不管是否还有女佣——在特定的情况下也会这么做。

关于侵略性本能的理论，其细节我在这里就不详细说明了，它有点接近于更古老的死亡本能理论。自二十世纪二十年代以来，弗洛伊德认为每个人、每个细胞、每个生命体都存在两种本能：生存本能和死亡本能。对于逝去的本能——或者更准确地说，对于死亡的本能——它要么对外，就表现出破坏性；要么对内，就表现出自我毁灭的力量，导致疾病、自杀，与性冲动混合时导致受虐癖。死亡本能是人类与生俱来的，它不受环境的制约，也不是由任何事物产生的，而人类真正拥有的选择只有将这种本能转化为毁灭和死亡来对抗自己或他人。因此人们做出了非常悲剧性的选择。

事实上，这些关于侵略性本能的理论多年来一直得不到关注这个问题的各位科学家的支持。总的来说，心理学认为侵略性是由社会条件制约的，或者是由非常具体的刺激、文化等"引导"的，也就是说被许多环境制约。但在公众舆论中洛伦茨的侵略理论大受欢迎，我想是因为我前面提到的原因：它给出的解释掩盖了人类可以做些什么的事实。它提供了一个很好的借口，即所有这些危险和侵略行为都是人类与生俱来的。人怎么可能违背自己的本性呢？

一直以来都有两种观点。第一种是：人性本恶，具有破坏性。这就是为什么战争和严苛的权威是不可避免的。所以必须控制人类，必须保护人类不受他们自己的攻击。还有另一种观点：人的本性是好的，只是因为社会环境而变坏了。如果改变了环境，那么人类的邪恶和侵略性就会减少，甚至会被完全摆脱掉。两种观点都存在片面的夸张。那些说到人类天生具有侵略性的人往往忽略了一个事实，那就是在很多社会时期、很多文化和很多个体中，侵略性都是非常低的。但如果侵略性是与生俱来的，那么就不该如此。而另一方面，那些反对战争、主张和平和社会正义的乐观主义者，即使不否认，至少也低估了人类侵略性的强度。这是法国启蒙运动哲学家的观点，这种乐观的观点甚至可以在卡尔·马克思的著作和早期社会主义者的信仰中看到。

我自己在这里持第三种意见，相比之下它更接近第二种观点。首先，我认为人类比动物更具有破坏性、更残忍。动物不是虐待狂，动物不对生命怀有敌意；但人类历史是一段难以想象的残忍和极具破坏性的记录。从这个角度来看，没有必要降低动物侵略性的张力和强度。但我不认为这种侵略性的根源在于动物，它既不存在于本能，也不存在于我们的动物祖先中。更确切地说，人类的侵略性在某种程度上大于动物的侵略性，这是基于人类存在的特定条件。侵略性是邪恶的，破坏性是邪恶的，而且不是洛伦茨认为的"所谓"的邪恶——**是人性的邪恶**。这是一种与生俱来的可能性，存在于我们所有人身上。当人没有以更好、更成熟的方式发展时，这种可能性就会展现出来。

人类的"额外侵略性"，即人类比动物更强的侵略性，是基于人类的性格特征。我在这里不是指法律意义上的品格特质，而是在精神分析的意义上，作为人与世界关系体系的性格特征。我从性格特征方面了解到，人类由此创造了一种动物本能的替代品，而动物本能在人类身上发展得非常微弱。我在这里所说的关于特征的内容可能听起来有点理论化，但如果你对自己的经历感到好奇，那么我相信你们中的许多人都知道在这种意义上，特征到底意味着什么。你肯定见过所谓的带有施虐特征的人。但你也一定遇到过一些被称为"好人"的人。这样说并不是指这个人有过一次虐待行为，或者这个人某次表现得非常友好，而是指他的整个生活中普遍贯穿着某种性格特征。有些施虐狂从没有虐待行为，因为没有机会，只有非常精细的观察才能确定小的虐待行为。还有一些性格上并不具有毁灭性的人，却可能在愤怒或绝望时杀死他人，但这并没有变成毁灭性性格特征。

如果认为邪恶是人类的，也就是说，邪恶基于人类存在，此前并不存在，那就避免了一个直觉理论家很难避免的逻辑悖论。他们试图从动物较弱的侵略性来解释人类较强的侵略性。怎么能这样呢？我们不能假定人类从动物身上继承的东西导致他们比动物更具侵略性和破坏性。我们必须从逻辑上假定，人的行为不同于动物，即比动物更残忍，这是人从动物身上得不到的东西，因此是基于人类存在的。

现在我们先说说**动物的侵略性**。动物的侵略性是生物意义上的适应：它的作用是对个体和物种的自我保护。当动物的切身利益受到来自外部的威胁，即当它的生命、食物、同异性动物的关系、领地受到威胁时，这种自我保护就开启了。如果这种威胁存在，那么动物——还有人类——就会做出侵略性的反应，或者逃跑。如果这种威胁不存在，那么就不会发动任何侵略。因此，侵略性作为一种机制存在于大脑中，是一种能够被刺激的长期的可能性。但如果没有特殊的刺激或原因，它就不会囤积，也不会激发行动，这与"液压"模式不相对应。神经生理学家赫斯（W. R. Hess）已经清楚地强调了这一点。他指出，当相应的刺激出现时，大脑中的某些中心或某些区域会产生攻击性，因为对重要利益的威胁会使这些中心活跃起来。

肉食动物的侵略性与此不同：它们不会因为感到威胁而攻击，它们攻击是因为在寻找食物。从神经生理学来说，肉食动物的侵略性也植根于大脑的其他中心和区域，与动物发出防御性侵略的中心和区域不同。我们必须承认动物一般都不是很好斗，除非是在它们受到威胁的情况下。即使对抗，动物之间也很少有流血的情况发生。对黑猩猩、狒狒和其他灵长类动物的观察充分展现出它们的社会生活实际上是多么平和。人们可能会说：如果人类具有黑猩猩那种程度的攻击性，那么我们根本就不用担心战争和侵略了。在狼身上也能看到同样的情况。狼是食肉动物。当然，如果它攻击一只羊，它就是有侵略性的。但人们对狼的印象是，它是一种极具侵略性的动物。人们会把觅食时的侵略性和不觅食时的侵略性混为一谈。狼对待彼此很温顺、很友好。这就是为什么当有人说，用狼对狼的行为来描述人类的侵略性，即一个人对另一个人的行为就像一只狼对另一只狼的行为一样（*homo homini lupus*），这是不公平的。最多只能说像狼对羊，但不能说像狼对狼。

所以我们看到动物的侵略性并不遵循"液压"模式。只要动物没有受到威胁，就不会有持续增长的、最终导致爆发的侵略性。我们也可以说：人类的侵略性是大脑的一种生物上的可能性，但不是必须的。除非它被某些特定的、需要维持生命的状况激活，否则不会显现。与行为主义者认为侵略性是后天习得的观点相反，我们应该注意到，人类只有在某些状况中才会变得具有攻击性。但事情也没那么简单，因为如果人只有通过某些状况来习得侵略性，那么它不能像现在这样和实际需要的那样被迅速又集中地调动起来。实际上，侵略性在生物学上是作为一种资质、一种存在的可能性的，它可以很快被调动起来，因为所有的神经生理机制都在那里发挥作用；但它必须首先被调动起来，没有调动就不能发挥作用。用一个简单的例子来解释这一点：一个人出于自卫，晚上把手枪放在床边或白天放在桌上，这并不意味着这个人现在想要开枪，但意味着遇到危险时他会开枪。我们大脑的生理结构也是如此。可以这么说，我们的大脑里已经准备好了手枪，作为对攻击做出快速反应的一种手段。但这并不像在直觉理论中所说的，这种准备状态会导致一个人充满侵略性且最终一定会爆发。

我们与赫斯等神经生理学家一样确定，动物对危险的反应不仅是攻击，还有逃跑——逃跑比攻击更常见。当动物无法再逃跑时，攻击是最后的手段（ultima ratio）——逃跑无望，而后攻击，而后战斗。

一旦谈到人类的"侵略本能"，就应该谈到人类的逃跑本能。如果以直觉为导向的侵略性理论的支持者说，人类被侵略性持续鼓动着，只有拼命努力才能控制住，那么以下说法也是正确的，即人类有着几乎无法控制的逃跑冲动，只有拼命努力才能控制住。事实上，任何观察过战争的人都知道，人类想要逃跑的冲动是多么强烈。否则就不会有任何法律规定叛逃须处死。对于攻击做出的反应，人类的大脑给出了两种可能：进攻或逃跑。但是这两者——逃跑冲动和进攻冲动——在没有攻击和威胁的情况下都是不活跃的。所以大脑也不会制造出自发作用的、持续增长的侵略或逃跑欲望。

我们已经看到，有关侵略性的"液压"原理同洛伦茨和弗洛伊德在某种程度上提出的死亡本能理论一样，是站不住脚的。神经生理学的研究结果表明，人类和动物的侵略性不是一种不断增长、自发产生的冲动，而是由刺激、威胁人类或动物生存及生命利益的事件所激发的。然而，这种"液压"原理不仅在神经生理学的发现中是站不住脚的，根据许多人类学、古生物学、精神病理学和社会心理学的发现，它同样站不住脚。如果"液压"原理是正确的，那么我们不得不假设基本上所有个体、文化和社会的侵略性都是相同的。就像智力一样，我们可以理解尽管在强度上存在差异，但这类差异相对较小。但是，所有人在总体上都应该表现出同等程度的侵略性和破坏性冲动。这无论如何是说不通的。

现在让我们来看看人类学数据。在相当多的原始部落中，根本找不到任何特别的侵略性，相反，它们有一种普遍友善的特征。当描述这些部落时，你会发现一系列特征，它们形成了一种综合征，并因此可以归纳在一起：极少侵略（这也意味着没有犯罪，几乎没有谋杀），没有私有财产、没有剥削、没有等级制度。例如，在北美的普韦布洛印第安人（Pueblo-Indianer）中可以找到这样的部落，但你也可以在世界各地找到他们。科林·特恩布尔（Colin Turnbull）对一个部落做了非常有趣的描述。这个部落的成员不是像普韦布洛印第安人那样的农民，而是原始猎人：非洲中部的矮人族（俾格米人）。他们和三万年前的猎人没什么不同，生活在丛林里，几乎没有什么侵略性。当然，他们中的某人有时也会生气，但这绝不是质疑他们侵略性较低这一论点的理由。一个人是否在某一刻会生气，还是他是否充满了侵略性，想要发动战争和杀人，这通常是两件完全不同的事情。如果你看不出某人是生气了还是他本身是一个具有破坏性、充满仇恨的人，那么说明你缺乏观察。

这些猎人生活在丛林中，他们视丛林为自己的母亲，他们像所有的猎人一样，只捕杀他们需要的和吃得下的猎物。

贮存是不可能的，因为肉不能保存。他们只是按照需求猎杀。虽然没有太多的剩余，但总的来说，猎物足够他们生活。这就是为什么他们没有私有财产。他们也没有领导者。为什么呢？生活是由当下情况的需要来调节的，每个人都知道该怎么做。就像大家想要的那样：在这些部落中有一种根深蒂固的民主，没有人可以规定他人做某事。这也不需要什么理由，因为规定别人做某事并不能给自己带来任何好处。当然也没有剥削。一个人征用另一个人做什么呢？让他去打猎，这样自己就不用打猎了吗？那么生活就会变得非常无聊。还有什么别的用处呢？没有什么事是要别人帮自己做的。他们的家庭生活很平静，大体上遵循一夫一妻制，离婚很方便，婚前有自由的性关系。性行为并不伴随着负罪感。他们通常在女人怀孕的时候结婚，然后两个人在一起共度一生，除非他们不再喜欢对方，不过这种情况并不常见。

人们也不必担心，尽管狩猎不是那么容易，因为有时动物不来，有时是坏年景，但他们对丛林的供养充满信任。他们不执迷于多消费、多储蓄、多财富的理念，这就是为什么他们通常都很满足。这些部落实际上是真正的富足社会——不是因为他们很富有，而是因为不想要比他们拥有的更多的东西。他们所拥有的东西足以过上安全舒适的生活。

我想要特别强调一下，此处我们看到的始终是系统和结构，而不是单独挑出一个特例，这非常重要。如果你只问这是侵略性还是非侵略性的，这很难说；但如果你把目光投向整个结构，你就会发现，从整体上看，你面对的是友好的、不好斗的、不善妒的人，缺乏侵略性是整个心理和社会系统的逻辑成分。同时你也可以看到心理系统和社会系统是多么紧密地交织在一起。

人类历史上最有趣的时期之一就是所谓的"新石器革命"。随着耕作的发展，它发生在大约一万年前的小亚细亚。此外，虽然没有证据支持这一点，但很可能耕作是由女性开始的。她们发现了野草也可以被种植并变成可食用的小麦或谷物。男性就没有那么有创造力了，他们此时可能还在打猎或者牧羊。通过耕作，人们发现觅食不仅依赖于自然的馈赠，还可以自己创造性地介入自然过程，用自己的智慧和技巧生产东西。就像我说的，那是不久前才发生的。在新石器革命最初的四千年里，大家看到的可能是一个最和平的社会，也许在很多方面与北美的乡村印第安人的社会相似。据推测，他们甚至维系着母权制，生活在小的村庄里。他们的生产比当下需要的多一点。这使他们更加安全，人口也会增加。但他们不会积累太多，以至于招人嫉妒和掠夺。在这个新石器时代的社会中——就像我之前提到的部落一样——可能存在一种纯天然的民主生活形式，女性和母亲扮演着更重要的角色。直到后来，社会才建立在父权制的基础上。它大约始于公元前四千年到公元前三千年，在那个时期，一切都发生了变化。人们生产的比消耗的要多得多；人们有了奴隶；劳动分工正在扩大；人们有了军队，有了政府，有了战争。人们突然发现可以利用别人为自己工作。等级制度的构成中，国王在顶端，他首先是上帝的代表，且通常等同于大祭司。在这种情况下会发展出很多侵略性，因为这时人们可以抢劫、掠夺、剥削。自然的民主已经让位于人人服从的等级制度。

在这一点上，我可以对战争的起因发表一下评论。本能（直觉）论的支持者经常说，战争是由人类的侵略本能引起的。这种说法不仅天真，而且是错误的。首先，我们知道，大多数战争的爆发是因为政府告知人民他们正在遭受攻击，必须捍卫其最神圣的价值：生命、自由、民主等等。战争的热情持续了几个星期后，通常会消退，那么就必须用惩罚来威胁人们，让他们继续战斗。但是如果人类的本性是极具侵略性的，以至于战争实际上是人类侵略本能的实现，那么政府就不需要这样做；正相反，他们必须不断地宣传和平，使人们不再渴望战争，以关上人类侵略性的阀门。然而我们都知道，事实并非如此。我们甚至可以非常明确地说，战争作为一种机制可能是在新石器革命之后才开始的，或者如大家所想，战争是被发明出来的。在这一时代，城邦建立，有军队、有国王，因此也有可能发动战争、获取奴隶、掠夺财产等。有组织的战争在猎人和原始农民之间不存在，因为他们不需要这样做。

据此我们注意到一个事实。在一些原始部落中，我们发现一种极度缺乏侵略性的、广泛友好与合作的制度。如果事实如此，那么有关侵略性的"液压"本能论就不能成立。此外我们也发现，即使在社会内部，侵略水平的变化也很大。以二十世纪三十年代初的德国为例：纳粹成功的核心很大一部分在于旧的小资产阶级或军官和学生被拽离了原有的职业，而并不在于中产阶级的上层阶级。我并不是说这些阶层不服从于纳粹体系，但是狂热的纳粹并不来自这些阶级，也不是来自工人阶级；我们都知道，如果这些阶层也有坚定的纳粹党徒，那更多是一个例外，尽管工人中坚定的反纳粹者也是例外。

　　在美国南部各州也可以观察到同样的情况。在南部的贫穷白人中存在高强度的侵略性，比起南部的中产阶级、工人阶级和东部的工人阶级要大得多。这些阶层有着共性：他们处于最底层，在社会金字塔的底部，生活中鲜有乐趣，没有文化，眼看自己正在慢慢被排挤出整个社会；没有动力，无关利益，巨大的愤怒在心中积累。当人们想创造一些东西，妄图占据中心位置或至少不感到被社会的洪流排挤在外，施虐行为是不会形成的。这时的人有自己的利益，他们觉得自己在和社会中的其他人一起前进。这就是为什么这些阶层的施虐和侵略程度，与德国或美国某些地区旧有的小资产阶级不同。

　　个体的侵略性也有差异。有人来到精神科医生面前说："医生，我讨厌每个人。我讨厌我的妻子、孩子、同事，我讨厌所有人。"精神科医生给出了诊断，我想大多数人也是这么判断的：他病了。我们不会说："这明显是侵略本能开启了。"而是认为这个人有一种性格特征，即他会持续产生侵略性。我们不禁要问：这个人是如何变成这样的？他的周边环境是怎样的？家庭背景是怎样的？他有怎样的经历？这样才能理解为什么这个人的性格结构发展出如此强的侵略性。但我们不会说——就像坚持本能论的学者在谈论战争时说的那样——"是的，人们对此无能为力，这恰恰显示了天生侵略性的力量。"

我们每个人都认识带有侵略性的人。我说的带有侵略性的人不是指那些易怒的人，而是具有毁灭性的、充满敌意的、施虐的人。每个人也都认识友善的人——不仅是在表面上，而且是在内心深处——他们很友好，不咄咄逼人，但也并不软弱或顺从。如果一个人没有注意到这一差别，那么他的生活就会糟糕；而许多人之所以生活糟糕，就是因为他们没有注意到这一点。但大多数有观察能力的人都清楚地知道这种性格特征上的差异是存在的。

我们现在必须进一步问自己：**人类**特有的**侵略性**是怎样的？到目前为止，我们只讨论了为什么它不符合"液压"模式。原则上我们可以区分人类的两类侵略性：一类是生理适应的、防守性质的，和动物一样；另一类在动物身上没有找到，是人类特有的侵略性，一方面接近人类的残忍，另一方面接近人类对生活的敌意和仇恨，例如恋尸癖（此处我不详说）。

我们来说第一个类型，即人类和动物相同的生理适应性侵略。我们已经看到：当动物的切身利益受到威胁时，基于其神经生理组织（与人类的神经生理组织相同），动物会做出侵略性的反应。人也一样。但对于人类来说，这种反应，即**反应性的或防御性的侵略**，要广泛得多。这其中有三个主要原因：第一，动物只有在当下才能感受到威胁。它只感觉到："此刻我受到了威胁。"人之所以能考虑到未来，是因为人能思考。所以人也会感受到只有在未来才会遇到的威胁。因此，人类不仅会对当下存在的威胁做出侵略性反应，也会对未来的威胁做出侵略性反应。当然，这给了反应性侵略更大的范围，并且未来存在威胁的情况以及感到威胁的人的数量都相当可观。

第二，反应性侵略在人类中更为普遍，因为有些东西可以向人类暗示，但不能向动物暗示。我们可以告知人们，他们的生命和自由受到了威胁。为此我们需要语言和符号。但是对动物却不能"洗脑"，因为它们缺乏符号和语言。如果人们得知自己受到了威胁，那么他们的主观反应就像真的受到了威胁一样；虽然他们只是认为自己受到了威胁，但反应没有任何区别。无须多言，在很多战争中人们都知道自己受到了威胁，将人们推向战争的侵略性便应运而生。

最后还有第三个原因：人类有特定的切身利益，这基于他们有价值观、有理想、有认可的组织，所以对这些理想的攻击、对生命般重要的人的攻击、对神圣的组织的攻击，就意味着对他们的生活、养分的攻击。它可以是自由、荣誉的观念，可以是长辈、父亲、母亲、某些文化中的祖先、国家、国旗、政府、宗教、上帝。所有这些价值观、组织或理想对人来说都和他们的物质生活一样重要。当这些受到威胁时，他们必定充满敌意。

如果把这三个原因放在一起，我们就能理解人类防御的敌意，尽管它建立在和动物相同的防御机制上，却强烈得多，因为威胁更多；或者与动物相比，更多事情在经历时会被当作威胁。

人类和动物一样，具有生理适应性和防御性的侵略倾向，可以保护自己的切身利益不受攻击。此外，人类还有动物身上未发现的其他侵略形式，这些形式既非生理适应性的，也不是防御性的，而是根植于人类的性格特征。为什么一个人会发展出如此具有侵略性的性格特征，这是一个复杂的问题，我在这里无法深入探讨。但确实存在这种侵略倾向的性格，而且只存在于人类身上。我在此想深入讲一种表现形式，即施虐的性格特征。

通常，**施虐**只被理解为性变态：例如，当一个男人殴打或虐待女人时，便有了性冲动。因此大家理解的施虐是一种想要伤害另一个人身体的激情或欲望。然而，施虐的本质是，一个人想要**控制**另一个生命，完全、绝对的控制。对象可以是一只动物、一个孩子、另一个人；重要的是，另一个生命会成为施虐者的占有物、物件和支配对象。

当一个人强迫另一个人忍受痛苦而不能反击时，这就是一种极端的控制形式，但不是唯一的形式。大家有时会在教师中发现这种形式的施虐，会在对待囚犯的方式中看到这种施虐，等等。你可以感觉到这种形式的施虐，如果不是狭义上的性虐，我们可以说，这是一种温和的、感性的施虐。但这只是其中一种形式。"冷施虐"还是更广泛的，它一点也不感性，绝对与性无关，但和感性的施虐和性虐具有相同的特点：其目标是控制，绝对主宰另一个人，为的是将对方完全掌控在手——就像陶工手中的黏土一样。

甚至还有良性的施虐，例如，当母亲或老板控制另一个人时，不是对对方不利，而是对对方有利。他告诉对方该怎么做，所有对方应该做的事都是他规定好的。这对对方是有用的，但这个对方失去了自由，变得完全依赖。有时我们会在母子关系或父子关系中看到这一点。在这里，施虐者当然完全没有意识到哪怕是最小的施虐行为，因为他"用意良好"。即使是施虐的受害者也没有意识到这一点，因为他们看到的只是如何从中受益。内心的损害也不会被看见，由此，一个顺从、依赖、不自由的人诞生了。

首先我想给你们举一个最极端的施虐狂的例子，这是一个对绝对权力有激情的人，他是万能的，他想成为上帝。这在加缪的戏剧《卡利古拉》（*Caligula*）中得到了很好的描述。罗马皇帝卡利古拉是一个暴君，拥有无限的权力。一开始，他可能和其他人没有什么不同。但随后，他感到自己实际上凌驾于人类存在的正常条件之上，因为他的权力是无限的。首先，他勾引朋友们的妻子。朋友们都知道这一点——不仅他们自己知道，他还向他们非常清楚地说明了。但他们还是要到他这儿来，对他以礼相待，奉承他。如果他们不想被杀，就永远都不能表达他们的愤怒或不满。否则他会杀了他们——有时是这个人，有时是那个人，随卡利古拉的一时兴起。他这样做不是因为他不想再见到这个人，而是这是他（绝对）权力的象征，他可以杀死任何想杀的人。但即使这样也不能满足这种绝对权力，毕竟这也是有限的。因此，对于绝对权力的渴望——正如加缪很好地表达的那样——表现为对月亮的象征性的渴望。如果他今天这么说，听起来可能有点奇怪。几十年前这种表达意味着："我想要不可能的东西。我想要人类无法拥有的权力。我是唯一，我是上帝，我控制着一切，我可以得到我想要的一切。"

在绝对控制的激情中，人类试图应对并超越自身的生存条件，因为人类没有绝对权力，这是人类存在的一部分。即使人类拥有巨大的权力，死亡也会让他们看到自己在自然面前是多么无能为力。加缪生动地描述了卡利古拉一开始和其他人没什么不同，直到他发了疯。他疯狂是因为他试图跨越人类存在的界限，就像任何疯子一样，一旦尝试了就没有回头路。我们在这里看到，疯狂实际上不是一种疾病，而是一种解决人类存在问题的方法。疯子否认人固有的、让人受尽折磨的无能，因为他的想象力是无限的。他的行为就好像这种无能不存在一样。但既然无能确实存在，那么他要坚持他的目标，就必须抛弃理智。实际上，这不是一种疾病，而是一种哲学，或者更确切地说，是一种宗教形式。疯狂就是试图否认人类的无能，以一种非常具体的方式，即假装它不存在。

的确，五十年前，人们仍然相信卡利古拉之流只存在于罗马历史上。而现在我们在二十世纪看到了相当多的卡利古拉——在欧洲、美洲、非洲、世界各地。卡利古拉们都被切到了同样的程度：他们体验着无限的权力，无法摆脱企图通过否认权力局限性来解决他们存在的问题的激情。这一点在希特勒身上显而易见。人类存在的局限性被忽视了，于是某种疯狂就发生了。

幸运的是，大多数施虐者想要控制，却不得不满足于以更温和的形式表现出冷酷的施虐，尽管有些形式也的确能给他们带来满足。众所周知，父母会因为想要完全控制孩子而对他们表现出施虐。这在今天并不常见，因为孩子们不再那么容易逆来顺受了，但在二十、三十、四十年前，这仍然很常见。医生们见过许多儿童因父母的殴打和虐待而受伤住院的案例。这只占虐待行为的很小一部分比重，因为根据法律和习俗，父母可以对孩子做任何他们想做的事，只要他们声称这是为了孩子好，只要虐待身体的情况不是太恶劣。有关父母的控制程度甚至直接施虐的行为都够编纂成书了。同样的情况也发生在教师、护士、狱警等人身上。他们的权力不如卡利古拉，因为他们也必须服从，他们都是小人物，没什么可说的，但他们在儿童、病人、囚犯等人身上却拥有相当大的权力。所以你会在这些职业中发现大量的施虐者。我并不是说大多数教师或护士都是施虐者，恰恰相反，一定有很多人成为教师或护士，因为他们有深深的助人为乐的冲动，他们待人友善、关爱他人。但我说的是那些有着相反冲动的人，他们通常没有意识到，在他们构建的合理化的另一边，实际上正在被一种控制欲所驱使。

大家在官僚身上也可以经常发现这种激情。我想给大家举一个非常简单的例子，相信大家也已经观察到很多次了。想想邮局柜台后面的那个男人吧。已经有十五个人在等着了，到了六点，工作时间结束的时候，还有两个人在等着。一到六点，他就打烊，等了半小时的那两个人不得不离开。可以看到他薄薄的唇边泛起一抹微笑，那是一种轻微的施虐般的笑。他很高兴这两个人现在必须离开，他有权力让他们徒劳地等待，然后明天再来一趟。他也许可以再加班一分钟，但他不这么做，这是慈善家才会做的事，当然许多处于同样境况的人也会这么做。施虐者不只是因为工作时间到了而下班，他还乐在其中。即使他的薪水不高，但这种施虐的享受对他来说也是一份他不想错过的"薪水"。

我想再给大家举一个施虐者的例子，这个人做的事情比控制他人要糟糕得多，他就是海因里希·希姆莱（Heinrich Himmler）。我给大家读一封他写给党卫军高级军官阿德伯特·科图林斯基伯爵（Adalbert Graf Kottulinsky）的信："亲爱的科图林斯基！您当时病得很重，心脏问题也很严重。为了您的健康，我将对您实行为期两年的全面禁烟。两年结束后，您需要向我提交一份健康证明，然后我将决定取消还是维持禁烟令。希特勒万岁！"这是控制，也是羞辱。他对待这个成年人就像对待愚蠢的小学生一样。他以这样的方式写信给科图林斯基，就是为了让后者感到被羞辱。希姆莱控制着科图林斯基。他甚至不让医生给科图林斯基检查，告诉他是否可以再抽烟。**希姆莱**才是决定科图林斯基什么时候能再抽烟的那个人。

官僚施虐者的另一个特征是他们把人看成物品：人变成了东西，施虐者与人的关系就不再是人与人的关系。还有一个特点是只有无助的人会激怒施虐者，不无助的人却不会。施虐者通常在比他优越的人面前是懦弱的，但那些无助的人或他可以使之变得无助的人——比如孩子、病人或在某些政治环境下的对手——会激发他的施虐欲。他不像正常人那样有同情心，正常人至少不会打压无助的人。相反，这种无助会激怒施虐者，因为无助正是完全使人得以控制的基础。

此外，以官僚伪装自己的施虐者，其特征是对秩序过度的热衷。秩序就是一切，秩序是唯一确定的东西，也是唯一可以控制的东西。过分有秩序感的人通常害怕生活，因为生活并没有秩序，它具有突发性，会带来意外。我们唯一可以确保的事情就是死亡，但生活中发生的一切总是新的。然而，对于粗鲁的施虐者来说，一切都是物化的。他憎恨鲜活的生命，因为鲜活的生命威胁着他，而他喜欢秩序。

以希姆莱的性格特征为例，他从十四岁起就开始写日记，写了十年，但记录乏味至极：他吃了多少小面包，火车是否准点。他做的每一件小事都要分类。他还保留着一份书信往来的清单，甚至在年轻的时候，就记录了他所写和收到的所有信件。这就是秩序。人们可以说：这是某种类型的秩序，一种旧式官僚的秩序，对他们来说生活什么都不是，秩序和规则才是一切。

在耶路撒冷审判期间，艾希曼接受了一位非常人性化的精神科医生的询问——这似乎使他感到非常自由——医生问他是否有负罪感。艾希曼回答说，是的，有过负罪感。当被问及为什么感到罪恶时，他说他小时候逃过两次学。在作为被告的情况下，他这样说是不明智的。如果他想表现得聪明一点，可以说杀了那么多犹太人让他感到内疚。但他很坦率，对他来说，遵守秩序是很自然的。而对于官僚来说，唯一的罪过就是违反秩序、违反规则。

最后，顺从是施虐性格的典型特征。一个人想要控制弱者，但他自身的生命力太弱，只能向强者屈服而得以生存。例如，希姆莱把希特勒奉为偶像。如果施虐者不是屈服于某个人，那就是屈服于某段历史、某个过去、某种比人更强大的自然力量。这种模式是通行的：我必须屈服于它们，我屈服于更高的权力，不管它们叫什么。但那些弱者得由我控制！一般来说，这就是官僚施虐者和冷酷施虐者的运作系统。

我下面要描述的是布克哈特（Carl J. Burckhardt）对希姆莱性格特征的刻画——此处引用这段尤为合适——布克哈特在但泽任国联专员时，对希姆莱的描述如下："他因集中服从的程度、丧尽的良心、非人性的手段让人毛骨悚然，宛若机械一般（冰冷）。"（Zit. nach J. Ackermann, 1970, S. 17.）这就是对冷酷的施虐者的描述。现在大家可能会问：如果希姆莱没有陷入这种境况，如果没有纳粹，他会完全不同吗？他会成为什么样的人呢？我必须要说，他很可能会成为一名模范公务员。我可以清晰地想象在他的葬礼上，牧师和他的领导会说："他是一个爱孩子的好父亲，他把所有的精力都投入到工作、职务和组织中。"事实上希姆莱就是这样的。我们必须意识到，即使是施虐者也需要在某个地方证明自己，证明他也可以很友好。如果一个人在某个地方不能证明自己也是人，那么他就几近疯狂，因为他会经历一种来自全人类的孤立，这种孤独几乎没有人能忍受。事实上，根据报道，许多处决政治犯、犹太人和俄国人的特遣执行成员已经疯了、自杀了、得精神病了。一位特遣部队的首领甚至写道，必须向人们展示如何人道地和军事化地消灭犹太人，即通过射杀或放毒气，这样他们的心理平衡才不会被扰乱。

我想我们可以说，有很多希姆莱、很多施虐者，他们之所以没成为明显的施虐者仅仅是因为缺少机会。但我认为，如果判定我们每个人都有希姆莱的影子，每个人都有施虐倾向，只是要在特定机会中才能表露出来，那也是错误的。这就是我想说的关键点：有施虐的性格特征，也有非施虐的性格特征。一些具有施虐性格的人在环境唆使下会变成明显的施虐者。而其他人不会成为施虐者，即便有环境唆使，因为他们有不同的性格特质。因此，了解和探寻哪些人是施虐者，哪些人不是，这是非常重要的。不要因为一个人对孩子和动物非常友好，或做了某些善举就分散了注意力。只有注意到性格本质的时候，你才会注意到这个人的意识背后、整体行为背后真正藏着什么，他性格的基本特征是什么，以及肤浅的、作为补偿的特征是什么。如果我们更多地了解性格特征，如果我们没有那么容易受到人们表面行为的影响，那将是一个巨大的收获——不仅对于我们的个人生活，也对于政治，因为人们应该在灾难到来之前看清眼前想要引导政治命运的人是施虐者还是非施虐者。

三、 梦是全人类的语言

所有人都知道，我们只能完全掌握一种语言，那就是我们的母语。也许我们还学了一些外语：法语、英语、意大利语。但是我们忘记了自己还在说另一种语言，也就是梦的语言。这种语言很奇怪。它是一种**通用语言**，出现在人类历史的所有时期和所有文化中。原始人的梦境语言、《圣经》中法老的梦境语言、斯图加特或纽约居民的梦境语言几乎完全相同。我们每晚都说这种语言。虽然我们常常忘记做过什么梦，因此认为没有做过梦，但我们每晚都在做梦。

梦境语言的特点是什么？首先，它是一种夜间的语言，一种睡梦中的语言。这就好像我们只能在晚上说法语，而白天一个字也听不懂。此外，它也是一种符号语言。我们可以说，这种语言以一种具体的形式表达内心的体验，涉及感官的，几乎是具体的、可见的事物，即外在代表着内在、事件代表着经历。就像诗歌里写的，当一位作家说，"红玫瑰温暖了我的心"，没有人会认为温度上升，因为他指的是一种感觉、一种体验，以具体的物理变化的形式来表达。也许可以用一个非常有趣的梦来解释我的话。西格蒙德·弗洛伊德做过一个梦，并讲述过。这是一个关于植物标本馆的很短的梦。弗洛伊德梦见他有一座植物标本馆，在室内有一朵干花，这就是梦的所有内容了。他对此有几个想法，比如：这朵花是他妻子最喜欢的花，他妻子经常抱怨他从不给她送花；同时这朵花也与可卡因有关，他和发现可卡因的人几乎同时将其用于医疗。这是一个简单的符号：植物标本馆里的花。但它意义重大，它说明了弗洛伊德性格中最基本的一个特征。花是爱的象征，也是性的象征、情欲的象征、生命的象征。但是植物标本馆里的花是一种干枯的花，它有一个完全不同的用途，即科学研究。人们把它当作研究对象来审视，但不再把它当作一种绽放的、栩栩如生的东西来体验。纵观弗洛伊德对爱情和性的态度，你就会发现，尽管他把这些作为科学研究的对象，但在生活中，他更像是一个拘礼的、害羞的人。四十年代初，他在给一位朋友的信中写道，当看到一位吸引他的女子时，他感到非常惊讶。这只是弗洛伊德经历的一个例子，在这个年龄，大多数人不会对这样的经历感到惊讶。此处只是一个小象征，在这个只需要几句话就能描述的小象征中，对于弗洛伊德的性格刻画跃然纸上，而对此需要写上好几张纸才能详细说明，这么短的梦在象征语言中可能表达了什么。

关于梦境语言的另一种认识是，在梦中，我们对他人和自己的了解比我们清醒时意识到的要多得多。我们在梦中——我一会儿还会回到这个话题——某种程度上更不理性，但某种程度上也比清醒时更明智、更有洞察力。弗洛伊德的例子表明：他几乎没有意识到自己这个特征，这可以从他自己的分析中看出；但在他的梦里，他清楚地认识到自己对于花的象征意义有着矛盾、双重价值的立场。

另一方面，这又与梦境语言的一种特征有关，而这种特征在谈到梦时通常被低估了价值：大多数人（我说的是"大多数"，然而我们没有统计数据，所以我也许应该更加谨慎地说"很多人"或最好说成"我在分析实践中见到的大多数人"）在做梦时很有创造力，会梦到在他们现实生活中完全不会幻想的事。在梦中，他们成为故事、诗歌、神话的创作者。那些醒着的人，即使付出最大的努力，也做不到这一点。我听过许多个梦，如果能用文字记录出版，可以与卡夫卡的一些短篇小说媲美。然而，如果这个人醒着，你对他说："像卡夫卡一样写一篇短篇小说吧。"那么他会看着你，好像你说话不走心一样。当然，这对他来说是不可能的。在梦里，他是一位诗人、艺术家，而在清醒的时候，他失去了所有这些能力。是的，我们甚至可以这样精确地定义有创造力的艺术家：他们是不在睡眠状态也有创造力的人，也就是说，即使醒着也有创造力。

在白天，人是合乎某种文化的。我们在白天说些什么在很大程度上取决于我们的出身。一个狩猎部落的非洲人谈论的事情和范畴与我们不同，这是不言而喻的。我们所说的话是由社会决定的。但在梦里，我们说的是通用的语言。我们的日常语言，即我们认为的母语或外语，总是一种由社会决定的语言。相反，梦境语言是一种**通用语言**，是**人的语言**。

我们如何解释这个特性？首先，我要讲一些看起来很复杂但实际上很简单的东西，也就是清醒和睡眠的区别。我们理所当然地生活在两种存在中，甚至经常意识不到：我们生活的一部分是醒着的，另一部分是睡着的。但我们醒着意味着什么呢？当我们醒着的时候，处于一种必须为生活努力的状态：我们必须工作、必须获得生活所需的东西、必须防御攻击，简而言之，我们必须"战斗"。这对我们的行为和思想都有影响。从行为来看：我们必须调整自己，按照生活的社会所期望的那样行事，这样才能生产和工作。但更重要的是，它也对我们思考的领域和感觉产生重大影响。白天，我们必须以同样的方式对待事物，这样才能操控、处理、利用、选择它们。我们需要表现得理智，这被称为"理性"：像其他人一样，这样别人才能理解我们，同时也让他人喜欢我们，不会觉得我们是极不正常或疯狂的人。我们思考和感觉到的东西，正是"健康人的理智"和所谓的"健康的感觉"所规定的。我们认为并感觉到，我们都爱我们的父母，他们和其他所有权威人士不仅想要最好的，而且也知道并能做到最好，他们了解更多事情。在适当的场景下，我们会感到高兴；反之，就会感到悲伤。虽然有时我们在现实生活中什么也感觉不到，但我们会认为，只要脸上带着高兴或悲伤的表情就会有这种感觉。我们也不会认为，看似荒谬的事

"因为不该发生就不会发生"。最好的例子是安徒生童话《皇帝的新衣》：皇帝是赤裸的，所有成年人都认为他穿着绝美的衣服，因为人们是这样期待的；只有一个小男孩看到他没有穿衣服，因为他的思想还没有像大多数人清醒时的思想那样成形。当我们清醒的时候，我们所做、所想、所感觉到的都是别人对我们的期望。

我选择另一个梦的例子来说明同样的事情。一位经理在公司里身居高位，在他之上只有一个老板。他故意说道，是的，他和老板相处得很好，他很喜欢老板，他和老板之间没有任何问题。然后他做了一个梦：他看见自己被绑起来，双手被电话线绑着，电话垂在一旁。他看到老板躺在他旁边的地上，像是睡着了，他感到非常愤怒。他发现了一把锤子，用双手抓住它，试图砸老板的头。他砸了，但什么也没发生。老板睁开眼睛，对他讽刺地微笑起来……这意味着，虽然这个人认为自己与老板的关系很好，他的梦却告诉我们，他实际上很讨厌这位上司；他被束缚着，感到压抑和局促，并且对老板完全无能为力。这就是他在梦中所经历的现实。醒着的时候，这一现实——至少表面上——消失了。

睡着的时候发生了什么？我们是自由的。这很奇怪，也许听起来让人不习惯。但在某种程度上可以说，我们只有在睡觉时才是自由的，也就是说，无需为生存斗争和负责，不需要征服任何东西，不需要保护自己，不需要适应，只思考和感知自己想要思考和感知的东西。我们的思想和感觉在睡眠中获得了最大的主观性。在睡眠中，我们不需要做任何事情，只要**维持着**就好了。我们在睡觉时没有目的，可以体验这个世界在我们眼中的样子，我们真正看到的样子，而不是为了服务于某种目的时它应该被看到的样子。换句话说，睡觉的时候，无意识就登台了。但无意识一点也不神秘，它的意思是，在睡眠中，我们清醒时所不知道的会呈现为我们所知道的；反之，在清醒时我们不知道我们在睡眠时知道的东西。我们甚至可以说，醒着的时候睡眠意识是无意识的，睡着的时候清醒意识是无意识的。这里有两个不同的层面：一个是睡着时的有意识或无意识，另一个是清醒时的有意识或无意识。

这是否意味着我们在睡眠中更不理性、更本能？有时确实如此，但绝不总是如此，甚至在大多数情况下并非如此，尽管弗洛伊德相信梦总是表达了非理性与理性的对立。然而，正如我说的，我们在梦中通常会有更强的洞察力、更大的智慧，因为我们更独立，不用有色眼镜去看和感觉。甚至在睡觉的时候，我们也会审查我们的梦，不敢接受梦的自由，而是改变和掩盖真实的梦的内容，就像一个人不想让别人理解他的真实意思时所做的那样。在这种情况下，人们不想在睡觉时完全了解自己。这就是为什么我们容易忘记梦，因为我们的大多数梦与现实生活并不相符，它们只会打扰和刺激我们。

我们在梦中更有创造力。在梦中，我们发展了自己清醒时不知道的、无法预料的创造力。例如，我想到一个男人的梦的例子，他也是一位成功的管理者（顺便说一下，我在这里讲的梦并不是来自我的病人，它们源自专门针对管理者个性的研究）。这个人因为成功而感到非常高兴。的确，凭借他的收入和地位，他应该是这么想的，因为我们感受到的大多是我们应该感受的。这个人确实也很高兴，然后他做了一个梦。在这个梦的第一部分中，他在一个小湖边。湖水很脏，环境昏暗、丑陋、不美好。在做了那个梦之后，他回忆起这个湖实际上和他父母住所附近的湖一模一样。这不仅是一段对于湖的不愉快的回忆，也是一段对于情绪及其童年时悲伤和贫穷的不愉快回忆。

在第二个场景中，他看到自己开着最贵的车在一条极为现代化的乡间公路上翻山越岭，速度飞快，充满了权力和成功的感觉——他很开心。之后就来到了第三个场景。它发生在他达到事业顶峰之后。突然，他看见自己在一家情色商店里。他孤身一人，在车里他和妻子一起，但现在身边一个人也没有，所有的东西都是又脏又灰，他充满孤独和被遗弃的感觉。这个梦告诉我们他对自己的生活和命运的真实感受。简单来说：幼年时一切都是悲伤和肮脏的，现在他是一个成功的人，以极快的速度驶向成功的顶峰；但最终，当所有这些成功的喧嚣都过去，他就会回到童年时那种肮脏、贫穷、悲伤、被遗弃的生活中。一切终将逝去，从哪里来还会回到哪里去。这不是一个愿望，而是他对空虚人生的深刻洞察，以一种创造性的艺术语言表达了出来。

我们可以说，许多人有创造性才能，但在白天，他们在社会的压力下——在海德格尔所谓的"人"的压力下——没有勇气做自己，也没有勇气创造一些事物。的确，这是对我们社会的一个悲哀评论，它不允许人们实现自己内在的创造性品质。

在梦中，我们给自己传递了一个信息，正如在《犹太法典》（*Berachot* 55a）中读到的："未解释的梦就像未读的信。"实际上，"解释"这个词甚至都不准确。我们压根不需要解释梦，本就没什么可解释的。这和人们学语言时需要解释不一样，比如学习汉语或意大利语时，它们有自己的语法、有自己的形式，是一种用来表达体验的语言，而不是用来描述"事实"的。学习梦境语言很容易。你不必成为一名精神分析学家就能做到这一点，只需在学校学习外语时同时学习它。一旦开始学习梦的语言，在我看来，这将有很大的益处，因为当我们了解自己的梦时，我们就更了解自己和他人。我想说的是，这样有它的好处，尽管也有缺点。一般来说，我们不想对自己或他人了解太多，这只会徒增烦恼。我们对自己了解得越多，对他人的幻想越少，我们的生活就会越丰富、越有活力、越强大。此外，当理解了梦的语言时，我们就稍许偏离了片面的智力导向，后者影响了今天的大多数人。这样我们就**不仅仅**在术语层面上思考，而是获取了一种同感觉之间的多样化的关系。我们整合了智力和情感，抛下了错误的选择。我绝不是在谈论一种危险的反智主义，也不是一种新的多愁善感的言词。但我认为梦的语言可以教给我们一些现在比以往任何时候都更需要的促进生活的东西：在梦中我们可以成为诗人。

四、 针对非心理学家的心理学

1. 前现代心理学和现代心理学

非心理学家是谁？心理学是什么？非心理学家是谁也许可以得到答案，而且似乎很简单：所有没有学过心理学的人，也就是没有这个领域的博士头衔的人。这样的话几乎所有人都不是心理学家。但事实并非如此。因为我想说的是，实际上根本就不存在非心理学家，因为每个人都在以自己的方式实践着和不得不实践心理学。人们不得不知道在别人身上发生了什么，不得不试着去理解别人。人们甚至不得不尝试预测其他人的行为。要做到这一点，人们不用去大学的实验室，而是去——实际上他们甚至不需要去——自己的实验室，即日常生活的实验室，在这里他们可以透彻地进行和思考所有的实验和案例。所以问题根本不是"某人是心理学家还是非心理学家"，而是"某人是一名好的心理学家还是一名不好的心理学家"。据此，我认为学习心理学可以帮助某人成为一名更好的心理学家。

这就引出了第二个问题：心理学是什么？这个问题比第

一个问题难回答得多。我们需要花点时间。从字面上看，"心理学"是关于灵魂的科学。但是灵魂的科学到底是什么，我们依然知之甚少——比如它的对象、使用的方法论、目标。

大多数人认为心理学是一门比较现代的科学。他们这么说是因为"心理学"这个词总的来说只在过去的一百年或一百五十年里才为人所知。然而，他们忘记了，有一种前现代心理学，可以这么说，它从公元前五百年一直延续到十七世纪，但是这种心理学不叫"心理学"，而是"伦理学"或者"哲学"，但它们和心理学没有差别。这种前现代心理学的本质和意图是什么？对此人们可以很简洁地回答：这是关于**人的灵魂的知识，其目的是成为更好的人**。如此，心理学有道德的——也可以说有宗教的——精神动机。

关于前现代心理学，我只给出几个非常简短的例子：佛教中有广泛的、高度复杂的、多样化的心理学。亚里士多德写过一本关于心理学的教科书，只是他把它叫作《伦理学》（*Ethik*）。斯多葛学派发展了一种非常有趣的心理学，你们有些人可能知道马可·奥勒留（Marcus Aurelius）的《沉思录》（*Meditations*）。在托马斯·冯·阿奎那（Thomas von Aquin）的书中，你们会发现一套心理学体系，从中学到的东西可能比从今天大多数心理学教科书里学到的都多。这其中对许多概念进行了最有趣、最深入的讨论和测试，如自恋、骄傲、顺从、谦逊、自卑等等。

斯宾诺莎也是如此。他写了一本心理学著作，和亚里士多德一样，他称之为《伦理学》。斯宾诺莎可以说是第一位清楚地认识到无意识的伟大心理学家。他说，我们都知道我们的欲望，但我们不知道欲望的动机。事实上，如我们之后所见，这正是后来出现的弗洛伊德精神分析学的基础。

在现代，一种完全不同的心理学出现了，它总体不超过一百年。它的目标完全不同：人们想了解自己的灵魂，不是成为一个**更好**的人，而是——粗略来说——成为一个**更成功**的人。人们想要了解自己、了解别人，以便在生活中拥有更大的优势，以便操控别人，以最适合的方式塑造自己——如果想进步的话。

只有看到文化和社会目标发生了多大的变化，才能充分理解前现代心理学和现代心理学任务之间的区别。当然，在古希腊或中世纪，人们并没有比我们今天好多少，甚至日常行为可能更糟糕，但他们的生活被一种思想所支配。这个思想就是：生活不只是因为赚足口粮而有价值，生活必须有意义，必须为人们的发展服务。在这个背景下，心理学应运而生。

现代人对此有不同的看法。他们对**存在**的兴趣不如对**拥有**的大：拥有更高的地位、钱、权力、威望。我们今天已经知道——这越来越流行，在全球经济最先进和最富有的国家，即美国，或许最为明显——越来越多的人逐渐开始怀疑这些目标是否真的能让人开心。但这不属于今天说的范畴。

事实上，这两种目标也给心理学提供了两个不同的方向。现在我将解释一些关于现代心理学的东西，以便向大家展示人们在此之下的设想。

现代心理学起步得非常朴实。它对记忆研究、听觉和视觉现象、思维联想以及动物心理学有兴趣。冯特（Wundt）的名字在现代心理学的起步中可能是最有标志性和最重要的。这些心理学家并不为大众撰文，他们不是特别出名；他们只写专著，只有少数"外行"对他们的工作和出版物感兴趣。

但当心理学开始流行时，情况就完全不同了，因为心理学解决了一个**基本问题**：人类行为的动机。在过去的五十年里，这一直是心理学的主题。这个问题自然关系到每个人，因为每个人都想知道：到底是什么激励着我，为什么我是被此激励而不是被彼激励？如果心理学能够向人们说明这一点，那么它就很有价值。因此，动机心理学可能已经成为最受欢迎的科学，特别是在过去的二十年里，它受欢迎的程度并没有下降，反而上升了。

这一流行心理学有两大学派：本能理论和行为心理学或行为理论（**行为主义**）。首先，让我简单介绍一下**本能理论**。它的起源要归功于十九世纪最伟大的思想家之一查尔斯·达尔文。他已经把本能当作人类的动机来处理了。在他的基础上，人们逐渐建立了一种理论，简而言之，强调每一个行为都有一个动机，每一个动机都是一种独立的本能，这是人类天生的，正如本能是动物天生的一样。如果你有侵略性，那么原因就是你的侵略性本能；如果你是顺从的，那就是你顺从的本能；如果你有占有欲并且贪婪，那就是占有欲本能；如果你嫉妒，那就是嫉妒的本能；如果你喜欢合作，那就是合作的本能；如果你很容易逃跑，那么就是逃跑的本能，等等。事实上，如果把它们归到一起，本能理论家已经命名了大约两百种不同的本能（就像在钢琴上敲击的每个键），它们会各自激发某种特定的人类行为。

本能理论的主要支持者是两位美国人，威廉·詹姆斯（William James）和威廉·麦独孤（William MacDougall）。现在，从我给你们的描述来看，你们可能会觉得这是一个非常简单的、实际上有些幼稚的理论。事实并非如此。在达尔文曾经给出的基础上，这两个人以及其他伟大和敏锐的思想家，建造了一座有趣的大厦——只是，在我看来这座大厦并没有被正确地建造起来。它其实不是一座大厦，只是一个在现实中没有表达出来的想法。最后一个非常受欢迎的伟大的本能理论是康拉德·洛伦茨的理论，他将人类的侵略性追溯至一种或多或少是天生的侵略性本能。

这些理论的不足之处在于它们过于简单化。如果在理论中假设每一个动作都有一种本能，那很容易。但这实际上并不能解释任何事情，我们只会说：行为有动机，每一个单独的行为都有不同的动机，这些动机是与生俱来的。这些所谓的本能大部分都无法被证实。在某些方面——比如防御性侵略或逃跑，在一定程度上还有性行为，尽管人们对这一点可能不太确定——存在类似本能的部分。但这里也存在这样一个事实，即学习、文化和社会影响甚至可以极大地改变这些先天本能，以至于在人类和动物身上，这些受到改变的本能几乎消失，或者相反，极大程度上得到加强。

这一理论的另一个难点是，某些本能在某些人群或文化中非常强烈，在其他情况中却很少得到发展。例如，有些原始部落非常有侵略性，然而，也有一些几乎没有侵略性的部落。这在每个人身上都能看到。如果今天某人去看心理医生并说道："医生，我太生气了，我想把所有人都杀了——疯狂的妻子、我的孩子、我自己……"医生不会说："这是因为你的侵略性本能非常强。"相反，他做出诊断说："你一定是病了，因为你所表达的这种侵略性，这种被压抑在你内心的仇恨，是疾病的症状。"如果这是一种本能，那么就是一种自然现象，而不是疾病的征兆。

我们还发现——这是非常重要的——最原始的人类，即狩猎者和采集者，他们处于所有文明的开端，是最不具有侵略性的人。如果侵略性是与生俱来的，那么狩猎者和采集者一定会把它展现得最为清楚。相反，我们可以证明，随着文明的发展——从公元前四千年开始建立大城市、王国、等级制、军队，发明战争、奴隶制（我故意用了"发明"一词，因为这些都不是自然现象）——施虐、侵略、征服和毁灭的欲望肆意增长，远超过史前人类的原始生活。

这些困难促成了相反学派的诞生，**即行为理论**，它主张完全相反的观点，即没有什么是天生的，一切都只是社会环境以及某个社会或某个家庭对人非常熟练的操控的结果。现在这个学派最重要和最著名的代表是美国的斯金纳（Skinner）教授，他在《超越自由与尊严》（*Jenseits von Freiheit und Würde*）中写道："自由或尊严等概念是纯粹虚构的，它们根本不存在，只是通过人的影响创造出来的，以通过这种影响表达人们想要自由。但在人性中，既没有对自由的渴望，也没有对人类尊严的感知。"对于这个理论，我举一个简单的例子：小汉斯不想吃菠菜。许多家长都知道，如果孩子的母亲因此而惩罚他，是达不到想要的效果的。斯金纳说，这的确是错误的方法。无须把菠菜的事过多挂在嘴边，而是某次菠菜直接被端上了桌，当小汉斯吃了一点的时候，妈妈和蔼地看了他一眼，答应再给他一块蛋糕。下次菠菜又出现在桌子上的时候，小汉斯会更为自愿地把它吃掉。然后妈妈再次对他和蔼地微笑，并给了他一块巧克力。直到小汉斯接受完条件训练，也就是说，直到他明白如果吃了菠菜就会得到奖励。谁不想要奖励呢？过一段时间，他就会愉快地吃菠菜，喜爱程度甚至超过别的蔬菜。这是有可能发生的。斯金纳花了很多工夫来展示如何最巧妙地做到这一点。人们不需要一遍又一遍地重复这种奖励，而应该停一次，然后重新再开始奖励。许多有趣的研究和实验已经进行，以测试如何最好地诱导别人，如何通过奖励机制来要求他人做事。斯金纳并不关心别人为什么想要这样，因为他说，具有客观意义的价值观是不存在的。

当你想到心理学家在实验室的情况时，这是很容易理解的。老鼠或兔子进不进食是完全没有意思的，唯一有趣的是用一些方法可以引导它们吃或不吃。也因为这些行为心理学家体验着人生——甚至自己作为豚鼠体验着生活，那么对于他们来说接受条件训练的目的和原因都不重要，重要的是"人们可以做到"这个事实，以及如何做到最好的考虑。行为主义把人和人的**行为**区分开来。它不调查实施行为的人，只调查产物；产物就是行为。行为的背后是什么，也就是人，对此我们说得很明确：这是无足轻重的，这是哲学、是思辨。我们只对人们**做什么**感兴趣。它也并非调查这样一个问题，即如果理论是正确的，那么为什么这么多人没有以他们该有的方式做出反应呢？如果事实是人们反抗、不适应、不接受贿赂，如果这个理论基本上是这样的话，或许不会觉得困扰；但实践恰恰相反。这个理论预设大多数人宁愿被贿赂也不愿做自己，不愿意识到自己的存在和性格会带来什么。

尽管存在巨大的矛盾，本能理论和行为主义理论仍有一些共同点：两者都认为人类绝不是其生活的设计者！本能论认为人是被人类和动物种族的历史所驱使和制约的；行为主义认为人受社会安排、受当前有效的社会条件的驱使，人受到其所在的社会中投机的诱惑力的制约，但在这两种理论中，没有任何一个——或者说这两种理论里没有任何一种人的模型取决于他要什么、他是什么，以及什么才符合他的本质。

这两个大方向代表了今天可以被称为"现代心理学"的大部分内容。必须说，行为主义心理学在今天取得了胜利。美国高校的心理学教授大多是行为主义者，苏联心理学也与此类似——这是出于明显的社会原因，我在这里不做深入探讨。

2. 西格蒙德·弗洛伊德的三个基本概念

除了上述两个方向之外，还有第三个方向：精神分析学，它是由西格蒙德·弗洛伊德在大约八十年前创立的。弗洛伊德的目标是理性地理解人类（非理性的）激情。他想了解仇恨、爱情、屈从、毁坏、羡慕、嫉妒的原因和条件——伟大的作家们（例如莎士比亚、巴尔扎克和陀思妥耶夫斯基）将所有这些激情暴露在他们的戏剧和小说中。弗洛伊德想把这一切作为科学研究的主题。他创立了关于非理性的科学。他想要以一种理性的方式而不是艺术的方式来掌握非理性。因此，可以理解的是，弗洛伊德的理论给艺术家，尤其是超现实主义学派留下的印象远远超过其他心理学家和精神科医师，后两者基本上认为所有这些观点都是无稽之谈。弗洛伊德的研究正好符合艺术家提出的问题：什么是人类的激情？

如何才能理解它们？大多数精神科医生只是想知道：怎样才能治愈那些要么导致病人痛苦、要么无法让病人适应社会和自身进步的症状呢？但是弗洛伊德——理解这一点很重要——不仅想要科学地研究行为动机，也就是激情，而且与前现代心理学一样、与现代心理学的主要分支相反，他也有一个道德目标。他的目标是人们应该相互理解，揭示他们的无意识，从而获得独立；他的目标是对理智的控制、对幻想的摧毁，让人们变得自由和成熟。可以说，他的道德目标是启蒙运动和理性主义的道德目标，它超越了其他心理学家所理解或设定的目标。除了让人们变得更好，他没有给自己设定其他目标。弗洛伊德的目标是人类的典范，在许多方面与启蒙运动时期伟大哲学家的目标一致。

不过，他的理论和构建它的方式在很大程度上是由时代精神决定的——达尔文主义、唯物主义、本能主义。因此，他偶尔会把他的理论说得好像他自己就是一个本能主义者。这导致了对弗洛伊德的巨大误解。在接下来的论述中，我将首先尝试展示我所观察到的弗洛伊德发现的核心（当然这只是我的个人观点，并不代表大多数精神分析学家）。

第一个核心概念是无意识，也就是**压抑**。这个基本概念在今天几乎被遗忘了。当人们想到精神分析时，会想到"自我""超我"和"本我"、俄狄浦斯情结和力比多理论。这些正是弗洛伊德在精神分析的基本定义中放掉的主题。

首先是压抑。我们常常被动机所规定，而这些动机是我们完全无意识的。让我从一个平凡的小例子开始。前段时间，一位同事来看我，我知道他不太喜欢我，甚至有点惊讶他会来找我。他按了门铃，我打开门，他向我伸出手，愉快地说："再见！"这意味着，他无意识中已经想离开了。他对于这次拜访并不抱有愉悦的期待，因此他把"你好"说成了"再见"。我们能说什么？什么都不用说。作为一名精神分析学家，他自己清楚地知道这一点以及他是如何暴露自己的。他不能道歉说："我不是这个意思！"这只会显得幼稚，因为我们都知道，重要的是要避免这个失误，而不是事后重新解释它。所以情况很尴尬，我们都沉默了。但这只是一个例子，它能发生上百次，弗洛伊德的学说正是建立在许多这样的例子上的。

或者再举一个例子：一个施虐狂父亲殴打他的儿子。我认为，与五十年前相比，这种情况现在已经不常见了。施虐狂父亲是以给别人造成痛苦或严格控制他人为乐的人。如果你问他为什么要这样做（通常你不需要问他，他总是喜欢自己说），他会这么回答："我必须这样做，这样我的儿子才能成为一个体面的人，我这么做是出于对他的爱。"你相信他的话吗？也许相信，也许不信。但看看他的脸吧！看看他打人时的样子吧，看看那双充满激情的眼睛。事实上，你能从这张脸上看出一个充满仇恨的人，同时又因为能打人而充满喜悦。你可以在警察身上（当然不是所有的警察），还有护士、狱警，或许多其他个人场景中发现同样的情况。这多少有些隐晦，取决于这个人出于自身利益是否必须保密。我们还是以这位父亲为例。当你见到他的时候，你就知道了：他的动机并不像他所声称的那样。他没有把孩子的幸福放在心上——这只是一种"合理化"；他的动机是他的施虐冲动，但他对此一无所知。

再举一个具有更大历史意义的例子：阿道夫·希特勒。希特勒有意识地认为，他想为德国争取最好的：德国的伟大、德国的健康、德国的世界地位等等。尽管他下了最残酷的命令，但据我们所知，他从来没有清楚地感觉到这样做是出于残忍。他总觉得这样做是出于帮助德国的愿望。他企图以命运、种族、天意的名义书写历史的规则，但他没有意识到他是一个想要毁灭的人。他看不到倒下的士兵，也看不到被摧毁的房屋。他在第二次世界大战中从未上过前线，不是出于个人的懦弱；相反，他无法忍受自己的毁灭行为所带来的具体后果。这和有洁癖的人很相似，他们总是想要有意识地保持干净。但如果你分析这些人，你会发现他们的无意识知道自己手上有血或污垢，他们想要从当下身体里的无意识中解放自己，即需要不断洗刷掉犯罪或潜在的犯罪意图。希特勒本人也是如此。他并不是洁癖，但许多观察者发现，他很爱干净，比一般爱干净的人程度更甚。但我只是做了一个类比：希特勒不愿看清他自己有毁灭欲的现实，而是压抑它，只留心他的好意。这只能在一定程度上实现。当终于知道德国，或者更确切地说，是他自己输掉了战争时，他对毁灭欲的压抑停止了。他突然想要毁灭整个德国，毁灭德国人民。他对自己说："这些人不值得活下去，因为他们无法赢得战争。"所以最终，他纯粹的毁灭欲得到了充分的表达。在现实中，它一直存在着，一直存在于他的性格中，只是被压抑和合理化了，直到有一天无法再隐藏。即便如此，他还是试图为自己找到一个合理化的解释："德国人必须死，因为他们不值得继续活下去。"

这样的例子——戏剧性和平淡无奇的——无处不在，每天都有：人们不会意识到自己真正的动机，因为他们出于很多原因不能够洞察和认知自己，不能看清自己的良心和舆论矛盾的地方。如果他们意识到究竟是什么在驱动他们，就会发现自己处于一个非常不舒服的位置。因此，他们宁愿不意识到这一点，从而不与自己的一部分、与"更好的自己"或与大多数"正派人"的想法发生冲突。

压抑产生了一个非常有趣的后果。如果你向人们指出行动的真正动机是什么，那么他们的反应就是弗洛伊德所说的**抵抗**（这让我想到了第二点）：他们抗拒信息。他们甚至强烈地拒绝出于好意和利益提供给他们的信息。他们不想看到真实的自己。当涉及这些信息时，他们的行为不像汽车司机被别人告知车门没有关或车灯不亮了——这种情况下司机会感谢他人的建议。那些意识到被压抑的人是完全不同的。他们会产生抵抗反应。在上述所有的压抑案例中，如果你向他们解释他们内心真正发生了什么，也就是说，什么是他们内心的现实，而不是他们为自己建立的虚像，你就可以看到他们产生抵抗。

人们在抵抗中表现如何？非常典型的反应是生气、愤怒、进攻。当人们听到他们不想听的东西时，会愤怒；可以这么说，他们想除掉犯罪证人。他们不能直接杀了证人——那太冒险了——所以在某种意义上只能象征性地除掉。他们会生气地说："你这样做只是出于嫉妒、出于恶意。""你讨厌我，你喜欢说我的坏话"，等等。有时他们格外生气，甚至会很危险。他们的愤怒程度取决于具体情况。如果释放愤怒有困难（例如下属对待上级时），那么还是闭嘴为上；回到家，他们可能会把不满发泄在妻子身上。但如果情况不棘手，比如你自己就是上级，那么你可以十分自信地应对下属的批评（此处的批评一定只有针对真实的情况才行），或者干脆解雇了他，这样便可以让下属意识到自己的渺小。当然你不可能是因为这个人伤害了你，才有意识地解雇他——这种小角色怎么可能伤害你——你的理由是，这个小角色是一个诽谤者，是一个卑鄙的家伙。

另一种更简单的抵抗方法是不予理睬。特别是当暗示不是很明显，没有被强调，你会发现对方会误解或者根本没听到。当然，这种情况并不会一直发生，但这是最简单和最常见的抵抗形式。

另一种形式是一个人变得疲倦或沮丧。许多夫妻彼此都知道这一点。如果他们说了什么，揭示了对方行为的真实动机，那么对方就会变得悲伤和顺从，通常会反过来指责和控诉——以沉默的方式或明确地说："你看你做了什么。现在我又沮丧了，因为你刚说了那句话。"这句话是真的还是假的并不重要。但是，说了这句话的人，一段时间后就会避免再次点明他无意中的动机，他知道他必须为此付出沉重的代价。

还有一种抵抗形式是逃跑。有时这种情况会发生在婚姻中，因为你看到伴侣发现了你想掩盖的东西。也许你甚至没有意识到这个捉迷藏的游戏，但你感觉到对方看到的比你看到的更多。这让你无法忍受，你不想了解它是因为你不想改变。你想做你自己，所以你得离开。同样的情况也经常出现在精神分析中。当医生说了一些病人不想听的话时，病人自行停止治疗的情况并不罕见。他们会说："我现在要结束了，因为大夫自己疯了。他说了些关于我的事，证明他疯了，不然他怎么能说这样的话……"其他人都知道这位医生是完全正确的，但那些被触动的人、害怕改变的人，只能以暴力（这些都是我们谈论的各种形式的暴力）回应："我不想见你，我不想再听这些了。"

当一个人准备好改变自我的时候，一切都不一样了。如果一个人真的理解自己，如果他真的想知道自己的真相以求改变，那么总的来说他不会出现愤怒的反应或逃避等情况，而是很感激别人告诉他哪些对他的发展是必要的——就像对诊断出需要治愈的病症的医生一样感激。但大多数人并不考虑改变。他们只是想证明自己不需要改变。改变是其他人的事。

基本上可以毫不夸张地说，我们的很大一部分能量是用来压抑的，然后在被压抑时提供抵抗。当然，这是对力量的极大浪费，阻止了许多人将他们的储备和技能用于更有成效的目的。

现在我来谈谈弗洛伊德的第三个概念：**移情**。从狭义上说，弗洛伊德借此使病人将医生看作童年早期的人，即看作父亲或母亲；病人对医生的反应基本上与实际坐在病人对面或身后的医生本人不对应，而是医生身体里住着的另一个人（例如父亲、母亲或祖父），这个人对病人的童年有重要意义。我想给大家举个例子来直观地说明这一点。一位医生曾经告诉我，有个病人已经见了他三个星期。在这之后的某次，当要离开房间的时候，她仔细地看了看他说："什么？你一点胡子都没有吗？"这位医生从来没有蓄过胡子。三个星期以来，她一直觉得他留了胡子，因为她父亲有胡子。这位医生只是个 X，她甚至看不出他是一个真实的人，而她把他当作父亲，所以有胡子。

但是移情这个概念的意义远远超出了我们在精神分析治疗中所能观察到的。一般来说，移情可能是人类在判断现实时产生**错误和冲突**的最重要原因之一。在移情中，我们透过欲望和恐惧的有色眼镜来看世界，并混淆幻觉和现实。我们看到的不是别人真实的样子，而是我们希望看到或害怕看到的样子。对别人的这种幻觉取代了现实。我们不承认他本来的样子，只承认他向我们显现的样子；我们与他人交往时不是将其作为一个真实的、独立的人，而是作为我们想象的产物。

我想举几个例子来解释一下。想象两个人坠入爱河。现在这种情况比以前少了，因为有很多更简单的方法，但我不想讨论这个。假设两人真心相爱，然后他们就会完全为对方的美丽、美德和好的性格而魂牵梦萦，并强烈地被对方吸引住。有时这会促成婚姻，但六个月后人们发现：这不是之前爱上的那个人，这是一个完全不同的人。一个人爱上了一个幻影，爱上了一个移情的对象，因为在另一个人身上，他只看到了自己想看到的东西，也许是母爱，也许是父爱，也许是善良、聪明、诚实。而人们并没有注意到这是一个幻觉。这样一来，人们就常常会讨厌对方，因为他认为对方让他失望了。人在现实中欺骗了自己，因为他看到的不是现实，而是幻象。但事情不是非得这样的，也不该是这样的。如果人们学会理解移情就不会这样了。

政治领域也是如此。人们眼下维持着一种热情，即数百万人对**领导人**的热情（不仅在德国，在其他国家也是如此）。领导者有时不怎么样，有时也不错。（但这不是最关键的问题，尽管这个问题很重要。）更重要的是，我们可以看到大多数人——我们甚至可以说"谢天谢地！尽管我说的这些极其危险"——深深地渴望带来治愈效果、会说真话、提供安全、领导有方、心怀善意的人。当一个以好人自居的人出现时，人们便会将期待转移到他身上，相信他是救世主——即使他实际上是个给人民和国家带来不幸的毁灭者。这些很高的期望也常常被小官所利用。许多政客给人留下了深刻印象，因为他们在电视上看起来很完美，他们赞许他人、亲吻孩童，似乎证实了人们的幻觉，即真的有一个好人，至少他爱孩子，不与所有人为敌，他们有计划地利用民众移情中的好感并以此建立他们的成功。

如果人们对移情有更多的了解，如果他们更努力地去区分自己的期望如何给事物打上烙印，以及如何以客观的心态看待事物，当他们最终尝试着去**批判**时，这一切都不会发生。有时，不重要的小行动远比人们所强调的和他们的大话更能揭示真相。如果人们能在未来更好地看透这些移情，那么爱情、婚姻以及政治生活就能从瘟疫和诅咒中解脱出来，从虚象与现实混淆的诅咒中解脱出来。区分这两者是不容易的，这需要每天研究和练习。每个人在日常生活中都有一个在家里的实验室。此外，电视在这方面除了有许多缺点外，还有一个很大的优点：它能非常准确地揭示他人的特征，因为我们能不留情面地观察他的脸、手势和表情；当政治"领袖"在电视上讲话时，我们看到他在那里，可以对他有很多了解。但只有当我们知道如何正确地观察时，才能了解更多。我想用所有这些来说明，了解个人和政治关系中的移情对于改善人们的政治和个人生活是至关重要的。

3. 精神分析的进一步发展

我认为，精神分析的各个流派及其发展，包括它们的未来，都可以非常简单地介绍一下。第一个进一步发展精神分析的是**西格蒙德·弗洛伊德**本人。他从二十世纪二十年代开始改变了自己的旧理论，后者基于性欲和自我保护欲之间的冲突，并创建了一个新理论，它是在两种生物力量的冲突中建立起来的，即毁坏的冲突和联合、爱的冲突、生存本能和死亡本能。我现在不探讨这一发展的意义，但这意味着——尽管弗洛伊德并不这么看——一个基本的延续，人们几乎可以说，一个新的精神分析学派是由弗洛伊德自己创立的。

精神分析学的第二个重大发展是由**荣格**引领的。荣格（和其他大多数与弗洛伊德分离、提出不同观点的人一样）反驳了关于性的核心角色的论点。他将精神能量作为一个整体来理解，"力比多"这个名称不再代表性能量，而是一般意义上的心理能量。他以巧妙、意义深远的方式试图揭示在每个病人的无意识中、在老百姓的神话和象征中，以及在最原始的、和我们完全不同的文化中发现的东西。

另一方面，**阿尔弗雷德·阿德勒**对神话和内心深处都不感兴趣，他感兴趣的是生存斗争的策略。这就是为什么他将权力意志视为人类动机的核心概念。但我这样说听上去比阿德勒想说的要简单得多。他的作品极其睿智、复杂，对我们理解人性有很大贡献。特别值得注意的是，他是第一个——
在弗洛伊德之前很久——将人类的侵略性放在心理学体系中
至关重要位置上的人。

现在我将提到两个其他学派，它们在许多方面有关联
性：首先是生活在美国的瑞士人阿道夫·迈耶（Adolf Meyer）
建立的精神病学派；紧随其后的是美国最杰出的精神分析学
家之一哈里·斯塔克·沙利文（Harry Stack Sullivan），其最
激进、最富有成果的观点现在可以在英国心理学家罗纳德·
D. 莱恩（Ronald D. Laing）的著述中找到。尽管有差异，但
这些研究者有共同主张：首先，否认性作为人类行为的**唯一**
动机；其次，将研究转向人际关系，即人们之间到底发生了
什么，他们如何相互作用和反应，当人们生活在一起时磁场
是如何建立的。有趣的是，这些精神分析学家特别关注精神
分裂症。和传统理论不同，他们不认为这是一种疾病，而是
个人经历和人际关系的影响，尽管引发的结果十分强烈，但
这主要是一个心理问题——和其他心理问题一样。莱恩在这
方面做得最好，因为他最清楚地看到，精神分裂症作为一种
个人"疾病"，其与社会状况的关系不仅在家庭范围之中，
而且在社会范围之中。

其他精神分析学家发展的理论也相似：费尔贝恩
（Fairbairn）、冈特瑞普（Guntrip）、巴林特（Balint）的理
论，以及我自己的研究都是在相同的基础上建立起来的，首
先涉及的并非精神分裂症，而是特别指向在人际关系形成中

发挥作用的社会和道德力量。

现在我们已经讨论了精神分析学最重要的成就和发展，最后一个重要的问题出现了：**精神分析学的未来**会怎样？关于这一点，我想说一些对我来说并不容易的看法，因为大家对此的观点非常不同。我们可以将其归纳为两种极端的观点。一个极端是：分析是无用的，它不会成功，不管是否试图用分析的方法来治疗一个人。而另一个极端是：心理分析是所有心理问题的治疗和解决方案。无论何时，当一个人遇到困难时，他就得躺在长椅上接受三到四年的心理分析。直到前段时间，这种观点在美国还是相当普遍的。但近年来随着其他疗法的出现，这种观点有所减弱。

我觉得，认为精神分析没有治疗作用的批评是站不住脚的。这不仅是我作为分析师四十多年的经验，也是许多其他同事的经验。此外，不能忽略的是，在许多情况下，分析师的能力不够（这发生在每个行业），患者选择时常常会运气不佳；有些医生对患者进行心理分析，但是这种治疗方法并不适合这些患者。实际上，很多人通过分析治愈了症状，很多人第一次学会了认清自己，对自己更诚实、更自如、更接近现实一点。这本身就是一个非常重要的结果，但经常被低估。

反对精神分析的观点当然有一定的前提条件，那就是时间。有一种观点是这样的：唯一能帮助病人的是药物。如果人不能吞下任何东西，那就没什么办法了。治疗之道在于药片。或者说，一切都必须快速发生。在美国，哈里斯（Th. A. Harris）写过一本书，也被翻译成了德语，即《我很好—你很好》（*Ich bin o. k. - Du bist o. k.*，1975）——一本非常肤浅的书，引入了弗洛伊德的少量理论。如果人们相信它，它就能提供帮助，也就是说，不是这个理论有帮助，而是心理暗示有帮助。但这里所提供的内容是快速的、简单的、不需要反思的，最重要的是，不需要应对自己的抵抗。这正是这种治疗所避开的：一切都简单而容易，这是时代的总趋势。人们认为，一切都要像吞药片一样顺利。凡是不能速成学会的东西，最好不学。

举个例子，让我们来讲一个年轻人的故事。这个人去了一家高档餐厅，拿到菜单，研究了很长时间，然后对领班说："对不起，你们这儿没有我喜欢的菜。"然后离开了。两周后，他又来了，领班问他——因为这是一家非常高雅的餐厅，所以领班礼貌地问他为什么上次没有找到任何菜品。客人回答："哦，不，我其实能找到想吃的菜，但医生告诉我要练习表达自我的观点。"这是一种学习如何自信、如何表现出不害怕领班的方法。用这个方法或许可以更进一步，只是没有人知道为什么他们有如此大的不确定感。人们没有发现一种趋势——这里我又回到了移情——把所有其他人都当作权威、当作父亲。即使用这种方法在餐馆里立刻取得了一点成功，变得更加自信，他也根本没有触及真正的原因，而是躲在自我安全感缺乏的表象之后。有种情况甚至更糟，因为他们并没有意识到自己是没有安全感的。为什么没有安全感？不是因为人们只是害怕权威，而是因为他们还没有充分发展自己；他们不相信自己的信念；他们一直停留在孩童阶段，希望别人会帮助自己；他们还没有完全长大；他们怀疑自己，等等。这不能用一种叫作行为疗法的心理治疗手段来改变，不然只是治标不治本。

但并非所有的批评都是不合理的。我想在此提及一些我认为是合理的质疑。精神分析常常退化为谈话。弗洛伊德从自由联想产生的想法开始，病人说出任何想到的东西。他认为这些话都是发自内心的，真实而有意义。但在许多分析中，人们总是在闲扯，喋喋不休地谈论自己的丈夫或父母，以及他们的所作所为。所以没有任何结果，总是一样的内容。但是因为有人在听，病人会感觉得到了一些东西，情况最终会改变。光是这样说话，什么都改变不了。这不是弗洛伊德所指的方法，即暴露和对抗抵抗。弗洛伊德从不认为一个人可以不费力气就达到效果，甚至解决困难的精神问题。如果不努力，人生将一事无成，即使广告有这样的许诺。那些害怕努力的人，即使羞于挫折和痛苦，也将一事无成。尤其是在分析的时候，这是一项艰苦的工作。蒙混过关的精神分析医生正在毁掉他们的事业。

另一个错误在于：人们会理智对待，而非亲身经历。人们用没完没了的谈话来理论化诸如"祖母打他一次意味着什么"等问题。如果某人是个非常学术的人，他会相应地发展出复杂的理论，构建一个又一个的理论，**但他什么也没经历过**。他无法体验内心的东西，不会体验到自己的恐惧，不会感受到无情以及与他人的隔绝。所有这些都被抵抗保护着。而随之而来的是一个明显的时代趋势，那就是偏向于**智者**，纯理性的人。人们做每件事都带着思考，感受只是一个不必要的累赘，人们会尽可能地忽略它。

最后我想说的是：有太多的人认为他们即使只有一点儿困难也要寻求精神分析师的帮助。他们甚至不愿意尝试去解决自己的困难。只有当一个人经过认真的努力后，仍然不能认识并改善自己的处境时，才应该去看心理医生。

分析仍然是治疗一系列紊乱的最佳方法。这些都与以自我为中心或——换句话说——自恋有关，同时也意味着缺乏与他人的联系。逃避到幻觉中、精神成长的紊乱，还有一些症状如洁癖以及一系列强迫症，除了精神分析外，其他方法都无法真正有效地治疗。

在一个完全不同的方向上，精神分析至少与治疗疾病的作用同样重要，即它是一种促进精神成长和人类自我发展的方式。我不得不承认，今天只有一小部分人有精神发展的愿望。大多数人有着完全不同的目标：拥有更多、消费更多。当二十岁的时候，他们认为自己长成了，从那以后，他们所有的努力都指向了充分利用已经完成的自己。如果继续从人性的角度改变，那么对他们来说只会是一种劣势。因为如果他们改变了，就无法适应他们规划的模板，也不知道十年后自己的观点是否还会和现在一样，事情会如何发展。大多数人根本不想成长或改变、不想发展，他们只想保存已经获得的能力，享受它们，"利用"它们。

然而，我们也知道一些例外，一些反面立场，特别是在美国。今天很多人意识到，当我们拥有一切、享受一切时，仍然完全没有成就感和快乐，生活仍然没有意义。我们沮丧、焦虑，我们问自己："如果我们所做的一切只是为了买更好的车，那生活有什么意义？"你可以看到你的父母或祖父母是多么不快乐，他们拥有他们想要的一切，却不得不为此牺牲自己的一生。少数派或多或少地重新发现了一种古老的智慧：人并不仅仅靠面包生活，财产和权力并不能保证幸福，而是会使人们感到恐惧和紧张。这些人想把自己献身于另一个目标：**成为**更多而不是**占有**更多、变得更理智、抛开幻想、废除那些需要维持幻想的条件。这种渴望往往表现为相当天真的形式，比如对东方宗教、瑜伽、禅宗和佛教等的热情。我说的"天真"，不是这些宗教天真，而是人们以天真的方式接近它们。他们被一些标榜自己为"圣人"的印度苦行者的宣传和各种各样的团体所愚弄。这些组织宣传各种药物，并声称可以培养人类的感性。我认为，分析在此处有着非常重要的地位，因为它作为实践能够认识自己、感知自己的现实，从幻想中解脱出来，从恐惧、贪婪中解放出来，以修复自己、体验世界的不同；也作为我的兴趣、关系、创造力的对象——我忘记**我自己**是一个对象，而是将我自己作为一个有行为、有感知、非异化的人来感受。

这种感受是可以练习的。分析有助于这种练习，因为它是一种真正感受自己的方法——感受你是谁、你在哪里、你要去哪里。此外，找理解这些关联并认为分析的目的不是让人们更具适应性的分析师来进行分析是有益的。但这样的分析不应该花太长时间，否则会产生依赖性。当人们学会了如何使用工具，就应该开始分析自己。这是一项贯穿一生的任务，直到生命的最后一天——最好每天早上练习自我分析，结合呼吸和专注度的练习，例如佛教冥想中的那些练习。重要的是，要远离喧嚣，找回自我，停下来，不断地鼓励自己，让自己"放空"，以此让内心变得积极。

我认为这样做的人会加深自身的感受力并实现"治愈"、恢复——不是在医学上，而是在更深层的人性意义上。但这需要耐心，而耐心在我们当中并不普遍。如果大家想尝试一下，那么祝大家好运。

五、 以生命的名义：
谈话中的肖像

舒尔茨：弗洛姆先生，我们计划了一场对话。不是采访，而是一场对话，一场没有主题、没有特定目的、没有任何准备的对谈，希望我们能以轻松愉悦的心情进行。

当我问自己必须在这场对话中扮演什么角色时，我感觉就像一个读者拜访了一位他研究过的作家，他现在想学的东西比把书背回家的人多一点。我今晚的主要任务是聆听。我不多问您，想让您多说几句。这一切听起来都很过时，几乎让人想起沙龙，尽管我们是在演播室里。大家在演播室里是不闲谈的。这里无论是讨论还是闲谈，都是作为大众商品产出的，不用担心商品是否有或多或少的闲谈作用——正如我们理解的那样。

顾名思义，闲谈是一种态度、一种娱乐。大家必须让自己变得渺小。虽然是一场游戏，一场精神的游戏，但现在的大家一定不想参与其中。

在这简短的开场白之后，我想问您，亲爱的弗洛姆先生，我们在这里一起做的事是否合乎时宜。除了少数人之外，还有谁会想要复兴这个显然即将消亡、如今充其量被视为古董的东西呢？您想想书信文化，它悄无声息地退了场。闲谈的文化还能被拯救吗？恐怕不能，我认为这至少是个遗憾。

弗洛姆：我觉得这特别遗憾，尤其因为这只是我们文化缺陷的一个症状。这种缺陷不仅是遗憾，而且是致命的。也许我可以这么说：我们越来越多地只做有目的性的事情，这意味着一定要有结果产出。这关乎金钱、名誉或者晋升。我们很少做没有目的的事情。人类已经忘记了这是可能的，甚至是令人渴望的；最重要的是，这是美好的。人生最美好的事情是表达自己的力量，不是为了某个目的，而是为了行为本身。被正确理解的爱也同样是没有目的的。当然，对许多人来说它目的明确！它的目的要么是带来性满足，要么是促成婚姻、生儿育女，并建立正常的资产阶级生活。这些就是爱的目的。这就是为什么爱在今天是非常罕见的——没有目的的爱，在这种爱中，重要的只有爱的行为本身，存在而不是消费起着决定性的作用。这是人类的自我表达，表达其自身的能力。但是，如此被理解的爱会随着我们这种只关注外部目标、成功、生产和消费的文化而消失。它离得如此之远，以至于我们不再觉得它是可能的。

闲谈要么是一种商品，要么是人们为了争论而闲聊。如果能将它展示给更多的受众，那它就是一种现代角斗士的战斗。人们只是互相攻击，每个人都试图打倒对方。或者他们用闲谈来显示自己有多聪明或高人一等；或者他们用闲谈来确认自己是否正确。他们用这种方式验证自己的想法是对的。他们闲谈时希望自己不再想任何新东西。他们有自己的观点，每个人都知道对方要说什么。他们只是向自己证明，谁也不能动摇他们。

真正的闲谈既不是劝说，也不是争吵，而是一种交流。谁是对的并不重要，谁说的话是否意义重大也不重要。重要的是真实性。举一个非常小的例子来说明这一点：让我们假设我的两位同事，也就是两位精神分析学家，回家途中其中一位对另一位说："我好累。"另一位说："我也是。"这听起来很乏味，但其实并非如此。因为当他们做同样的事情时，他们也知道每个人有多累。这就是他们传递给对方的真实的人的信息："我们都累了，而且我们知道彼此有多累。"这比两名知识分子开始用大话讨论最新的理论要休闲得多，因为在这种情况下，他们都只会唱独角戏，在现实中他们甚至不接触。

这是一种开放的、交互的闲聊，大多用语言简单表达；在舞蹈中，它表现在动作上——对谈的方式有很多种。只有当我们的文化发生很大的变化，即克服片面、目的导向的生活方式时，这种闲谈的艺术或闲谈的乐趣才有可能再次出现。我们需要一种态度，在这种态度下，**表达和人类生命的成长**成为唯一值得称赞的目的。简单地说，重要的是**存在**而不是**占有**，不是只为了使用，只为了向前跑。

舒尔茨：现在我们的空闲时间比以前多了很多，因此我们也有更多闲谈的机会。但外在的机会似乎与内在的调节成反比。您所说的交互感被纯粹的中间量、装置和仪器所干扰。似乎某种态度阻碍了我们进行所谓的"闲谈"。

弗洛姆：很多人（可能是大多数人）实际上害怕和他人相处时把对方晾在一边，没有计划、没有设备、没有话题、没有议程。他们害怕且完全迷失，甚至不知道该跟对方说什么。我不知道德国的情况如何；在美国，人们通常不单独邀请一个人或一对夫妇，总要邀请好几个人，因为当只有四个人在一起时，就会有一个人尴尬，那样的话你就得做点努力了，否则就会很无聊，除非旧唱片再放一遍。当六个人在一起时，虽然没有闲聊，但避免了死角，总有一些事情是可以说的。当一个人不知道怎么说了，另一个人就接上了。这有点像二重奏音乐会，音乐永远不会停止，但从来没有真正的闲谈。

我觉得，现在很多人都认为不花钱的快乐不会很令人满意。商业的广告宣传让我们习惯于相信，所有的幸福都来自购买的物品。而如果没有这些物品也能过得很幸福，这已不再是人们所接受的了。这和以前有很大的不同。我现在七十三岁，五十年前，人们买东西很少是为了娱乐，即使是资产阶级也不例外。那时没有收音机、没有电视，也没有汽车，但是还有闲聊。如果你想在闲谈中"分散"注意力，那么就会出现闲聊。闲聊需要"集合"。如果一个人的内心不是很有活力，那么他的谈话也不可能很有活力。但如果很多人不害怕走出自我、展现自我，放下自认为必不可少的"拐杖"，那么他们可以变得更有活力——这意味着与自己和他人独处。

舒尔茨：我们现在是在电台里说话。广播和电视的任务是提供信息和娱乐。这是德国广播公司的法律规定。另一方面，正如您已经指出的，毫无疑问，广播和电视在摧毁闲聊文化方面做了很多工作。

弗洛姆：这一点我很感兴趣。我想问问您自己的经验是什么？广播和电视大体上有相似的效果或功能吗？还是您认为这两种传播媒体有非常不同的功能和不同的特质？

舒尔茨：我只能估计。当我说"我估计"的时候，我的意思是说，本身要求颇高的传播学还没有在澄清广播和电视的不同影响方面做太多工作。所以我只能用一些主观的印象和观察来回答您的问题：在我看来，广播和电视基本上都不是对话的载体。它们是间接的。它们一方面是给予者，另一方面也是索取者。这并不矛盾。一旦打开收音机或电视，闲谈、对话也就结束了。收音机和电视可以假装谈话，但不会让它真正发生。我的意思是，这是为活生生的人准备的。然而，对我来说，决定性的因素是广播和电视是否能**激发**、**邀请**或**挑战**对话；或者它们是否破坏了对话的先决条件，也就是说，制造了一种**无法交谈**的环境。在这方面，我对广播比对电视抱有更大的希望。电视甚至比任何其他媒体都更能引诱人们消极和轻松地消费。这是最成功的"打发时间"的方式。但是闲谈是需要时间的。如果时间紧迫，闲谈就无法进展。广播——如果我没看错的话——不会产生这么大的诱惑。它需要并激发更多关注、更多想象力。如果它愿意，它可以提供丰富的对话素材，不是对话本身，而是对话的素材。作为电台工作者，当我们越发意识到我们的极限——这意味着我们对补充的需求——我就越能保证这一点。我认为吸引人的东西，即广播能刺激人的东西，恰恰是它**不能**传达的东西。如果它的局限性、人为性、替代性能够被清楚地识别，它就指明了其他的、原始的、直接的交流可能性，例如指明了无中介的对话的独特性和美感。

弗洛姆：我能很好地理解。事实上，我个人只听收音机，偶尔也看电视。我自己做过以下的观察（我的妻子也是如此，也许您也可以就此说一说，如果听众看电视的话，也可以问问他们自己是否也曾有过同样的经历）：当在听广播的时候，我是一个自由的人。也就是说，我觉得有兴趣，就会打开听。但我不会上瘾。我通过技术手段来倾听一段闲谈，就像在电话听筒里有人跟我说话一样。当然，它不像电话那么私人，但至少我们已经习惯了，这意味着我们不会对它着迷。所以大家确实可以说，听与不听完全是我内心的自由。我看电视的时候感觉不一样。人们会变得有点不自由。一旦打开这台机器并看到了图像，便会有一个时刻，即便不是强迫，但仍感到有一种冲动、一种强烈的倾向让我去看电视，尽管理智告诉我这一切都毫无意义。我并不是说电视里的一切都毫无意义，只是说即使我知道这毫无意义，我也有听和看的倾向。

电视有一种魅力，一种比收音机更大的**心理**刺激，但这并不是它提供的内容造成的。我经常问自己这个刺激是什么？我认为这是一种深层次的体验：人们只需按下一个按钮，就可以将第二个世界带入你的客厅。这召唤了深层的魔法本能……

舒尔茨：……返祖的本能……

弗洛姆：电视把我变成了某种形式的上帝。我在抛弃包围着我的现实；当按下按钮时，我在创造一个新的现实。我几乎是上帝，是造物主。这是我的世界。这让我想到一个小故事，它是真实的，而且非常准确地表达了这一点。这是一位父亲告诉我的。他在一个风雨交加的日子里带着六岁的儿子开车上路。在乡间路上，一个轮胎爆了。所以他们得把轮子拿下来换一个。这当然很不舒适。然后小男孩对爸爸说："爸爸，我们可以换一个频道吗？"这就是孩子的世界。如果不喜欢这个，我会选择另一个。

最近，妻子告诉我她读过一位波兰作家的小说。我紧张地听着。这部小说描绘了一个富翁的儿子。富翁是一个非常疯狂的人，他让儿子在大房子里长大，但没有学习读写，也没有和任何人说过话，即完全隔离，只是住在父亲的家里。他只有一台电视机并整天开着，所以他以为这就是现实。后来父亲死了，儿子不得不外出来到人群中，但他一直不明白，他亲眼看到的和电视上看到的是不同的现实。这个年轻人一句话都说不出，他一无所知。他只能看，因为世界对他来说就是一场电视游戏。他最终来到了美国一位最有权势的人家里。因为他从不说话，大家都以为他必定深藏不露。后来，他的名字传遍大街小巷，直到最后被提名为总统，因为他从来没有说过什么，也没有任何意见。

这恰恰描述了我的意思：现实和电视上出现的东西不再有什么不同。用我的手指把另一个世界变成现实的体验——正如您所说——是一种返祖的、深刻的体验，是非常诱人的。所以电视不一定非要带来什么"好"东西，因为它作为一种传播手段的存在本身就具有吸引力——就像火灾发生或其他刺激的事情发生时人们聚在一起一样……

舒尔茨：……这种事发生时人们只需要观察，还没有准备好干预。这意味着，这种假装强大（按下按钮）的另一面是完全的消极，而人们至少可以从收音机中想象［亚当·穆勒（Adam Müller）曾说过］倾听是一种"回答的方式"。倾听本质上是一种积极的态度，不应与单纯的等待信息混淆。

但弗洛姆先生，现在还有一个问题：您不能也不愿评判德国的情况，电视也在很大程度上改变了人们听的习惯。当电视使观众不再密切关注某件事时，我们就不能再指望他们的注意力了。我唯一的问题是，广播是否过快地屈服于这种趋势，是否过快地遵循不再有任何大量关注的说法或主张。

是否应该采取**反制措施**呢？如果收音机是更温和的媒介，也不再被理解为一种大众传播媒介——它早已摒弃这一角色，对此我们应心存感激——那么它就不会创造非常精确的任务吗？这些任务是否造成了我们刚刚提到的区别？

弗洛姆：当然，我不能对此做出评判，因为我对德国的电台节目知之甚少。但我认为您说的正中要害。我知道您对接过南德广播电台的大型系列主题，这也包含在大学课程中，也许语言简单一些，但全是相关内容（大学课程还是语言简单、内容充实为佳）。在我看来，这是广播的一项杰出任务，它可以发挥重要的教育作用。最重要的是，您所说的注意力非常重要。值得注意的是，今天的人们在思考、生活和工作上是多么的不集中。工作是如此支离破碎，以至于通常只有机械和部分的集中，而不是完整的、需要全身心投入的集中。比如流水线上的工人，他们一遍又一遍拧紧相同位置的螺丝，必须集中精力保持节奏，但这种有限制的集中方式和真正全身心投入是完全不同的。这样的人只能倾听，不能同时想别的事，不能同时做五件事，因为这些事没法满足他。当然，没有集中是没有成果的。任何不专心做的事都是毫无价值的。如果不集中精力，就不会有令人愉快的职业、成就或活动。这不仅适用于伟大的艺术家和科学家，也适用于每一个人。

舒尔茨：在这里，我想中断我们的谈话。亲爱的听众们，我想向你们介绍一下我正在对谈的嘉宾。这在美国是没有必要的，因为在那里，艾里希·弗洛姆先生和他的著作广为人知。而在我们这里，他的名声需要慢慢达到应有的高度。

1900 年 3 月 23 日，弗洛姆出生于法兰克福。他是独生子，在传统犹太教的影响下长大，我一会儿会问他这个问题。据弗洛姆先生所言，《圣经·旧约》的故事比其他任何故事都更能触动他。尤其是羊和狮子生活在一起的普遍和平的愿景深深吸引着年幼的他，也很早就唤醒了他对各国人民的共情和国际主义的兴趣。高中时期的艾里希·弗洛姆不喜欢且抗议非理性的"集体发疯"，这种疯狂导致了 1914 年战争的爆发。

此外，一段对他的发展有决定性影响的个人经历使他忧虑：一位年轻貌美的女艺术家，也是他家人的朋友，在她年迈而不修边幅的父亲去世后自杀了。她想——这是她最后的遗嘱——和他葬在一起。弗洛姆对此的问题是，这个女人怎么会这样爱她的父亲，宁愿和他一起死，也不愿享受她所贴近又熟悉的生活的欢乐呢？这些观察和思考使他走上了精神分析的道路。他开始询问这一行为背后的动机。

在研究过程中，弗洛姆对先知的著作了如指掌，这些先知包括：佛陀、马克思、巴霍芬和弗洛伊德。这些名字囊括了各学派最重要的创始人。不管他们听起来多么不同或矛盾，弗洛姆都把他们放在同一个屋檐下。我们马上会聊这件事，我不想提前透露我们的谈话内容。

弗洛姆在海德堡学习心理学、哲学和社会学。二十二岁时，他成了哲学博士（社会学家）。随后，他又在慕尼黑和法兰克福进行了研究和分析工作。之后，弗洛姆前往柏林著名的精神分析研究所完成了进修。1930年，他成为一名精神分析临床医生。除了在柏林的工作外，他还在法兰克福的精神分析研究所任教，并成为法兰克福大学社会研究所的教师和成员。在纳粹掌权后，他便前往纽约的哥伦比亚大学继续研究工作。1934年，弗洛姆迁居美国。他在多所大学任教，建立了几所重要的精神分析和社会心理学研究所。此外，他非常重视兼职精神分析师的工作，同时积累与病人打交道的经验。1950年，他迁居墨西哥，在那里以多种方式在大学里发光发热，直到1965年退休。现在他是这所墨西哥大学的名誉教授。到目前为止，他已经在墨西哥和纽约完成了许多教学任务。前几年，他主要在瑞士提契诺州（Tessin）生活和写作。

弗洛姆也投身和平工作，是美国最重要的和平运动SANE的创始人之一。该运动除了反对核军备竞赛外，还在反对越南战争的斗争中发挥了领导作用。二十世纪五十年代，他加入了一个社会主义党派，但又退党了，因为在他看来，这个党还不够激进。他在将精神分析理论融入马克思主义社会理论方面做出了重要贡献，这与他对弗洛伊德理论以社会和人道主义为导向的修正是同步的。他主编了一部关于社会主义的人文主义论文集，收录的文献来自世界各国。他还把自己投入到政治问题中，他的同行几乎没人这么做。作品《希望的革命》（*Revolution der Hoffnung*）是一本宣传册，也是一部檄文，是艾里希·弗洛姆支持尤金·麦卡锡（Eugene McCarthy）竞选总统时出版的。他支持这位议员、教授、诗歌和哲学的朋友。但是，或者更确切地说，正因为麦卡锡是美国最高领导者的候选人，弗洛姆才注意到他，因为他（这对弗洛姆是一个非凡的政治范畴）能够唤起人们的希望。弗洛姆的惊人之处在于——这在学术生涯中绝非寻常——他对所有自己想的、说的、做的事情都持一种非传统、非保守的态度。我们在他身上看到的不是思想的苍白，而是一种令人舒适的清新。他出淤泥而不染；他提出了新的问题；他憎恶教条和其他的定式。"精神"和"风"在希伯来语中是同一个词。恰恰是在他未竟的事业中，朋友和敌人、支持者和鄙视他的人都无法与他结束纠缠。

弗洛姆先生，在这一小段概述之后，我能请您谈谈您自己吗？我在您身上读到了"知识分子传记"的感觉。在青年时期和学习期间，哪些影响最有利于您的发展？

弗洛姆：我可以提几件对我来说很重要的事情。事实上，我是过度焦虑的父母的独生子，这当然没有对我的发展产生积极的影响；但随着时间的推移，我试图合理地修复这种损伤。

然而，有一些东西对我的发展有积极贡献，或者说对我的发展起了决定性作用。那就是我的出身。我来自一个十分正统的犹太家庭，两边的祖先都是犹太教经师。我是在古老传统的精神下长大的，即前资产阶级、前资本主义，当然比现代传统更具中世纪特色。对我来说，这比我所生活的世界——二十世纪的世界——要真实得多。我顺其自然去了一所德国学校，一所文理高中；我上了大学并深入参与了我从德国文化中汲取的思想。

我对生活的态度不是一个现代人的态度，而是一个前现代人的态度。这是由于我学习了《犹太法典》，认真阅读了《圣经》，从我的先人那里听到许多故事，这些人都生活在资产阶级出现之前的世界里。我忽然想起一个发生在自己身上的故事：我的曾祖父是一位伟大的犹太法典研究者。他不是犹太教经师，而是在巴伐利亚开了一家小商店，挣的钱很少。有一天，他得到了一份工作，只要出差一段时间，就能赚更多的钱。当然，他有很多孩子，但这也并不能使他的生活变得更轻松。这时妻子对他说："要不要抓紧这个机会呢？你一个月只出去三天，我们就能多一点钱。"他回答道："你认为我应该这样做，然后一个月旷课三天以上吗？"妻子说："看在上帝的分上，不，还是看你怎么想！这根本不是问题。"于是，他仍然整天坐在店里研读《犹太法典》。顾客来了，他还会有点生气，说："就没有其他商店了吗？"对我来说，那才是真实的世界。我发现现代世界很奇怪。

舒尔茨：这持续了多久？

弗洛姆：直到今天。我记得在十岁或十二岁的时候，当有人说他们是商人或生意人时，我总是感到尴尬，因为我想：天哪，他感觉一定很糟糕，他不得不承认自己一辈子除了赚钱什么都不做。这是他唯一的事业！之后我了解到这种事业是完全正常的，但还是会对此感到惊讶。在这种意义上，我在商业文化或者资产阶级文化中一如既往地是个陌生者。这种陌生感是我对资产阶级社会和资本主义的态度变得极具批判性的一个重要原因。我成了一名社会主义者。这个社会和这些利益在我看来不符合生活的目的。但这不是一个伟大的、智慧的决定。我一直觉得很陌生，想知道到底怎么会成这样的。

舒尔茨：但是您对截然相反的情况有些苛求了，因为不能说这个现代世界不在您的思想和生活中。相反，尽管它展现出危险，但也展现出希望的发现。

弗洛姆：也许我可以给出一个简单的答案：现代世界吸引我的总是那些指向前资产阶级世界的元素。那里有斯宾诺莎、马克思、巴霍芬。我觉得在那里就像在自己家里一样。在那里，我找到了过去对我有生命力的东西和自己所热爱的现代世界之间的综合。这些植根于旧世界的现代世界的部分离我很近，不存在矛盾。这就是我了解、喜欢的世界。所以我成了一名非常专注的学生，研究一切与这种联系有关的东西。

舒尔茨：那是在您大学时代还是更早的时候发生的？您什么时候发现这两个世界是冲突的？

弗洛姆：有一件事对我的发展起了决定性作用：第一次

世界大战——您已经说过了。它爆发的时候我十四岁。那时候，像班里的大多数学生一样，我还是个孩子，并不真正了解战争，但很快我就开始看透它了。对我来说，有个问题一直很困扰。或者说，不是这个问题困扰我，而是我困扰它：**这怎么可能呢？**关于"这怎么可能"的问题，针对其目标，显然有一部分目标是完全非理性的，或针对政治思想、或针对非人类。他们很清楚他们将放弃生命，数百万人将杀死数百万人。他们肆意杀戮，不人道的局面持续了四年才终于结束。从**政治上**如何解释战争？从**心理学上**又如何解释战争呢？人的动机是什么？这个问题在当时对我来说是一个急迫的问题。这可能是最核心的问题，它对我至今的思考产生了根本影响。前资产阶级的起源和战争可能是两个突出的经历，它们塑造了我的思想和感觉。

舒尔茨：哪些文献给了您指引？我指的不仅仅是与您的工作或培训相关的书，也可能是与您的个人生活相关的书。

弗洛姆：我自己也经常思考这个问题。事实上，有几本书决定了我的人生，可以说让我"兴奋"起来了。我甚至认为，如果我能在这里做一个脚注的话，那确实有书籍决定了我们的生活。我们所读的大部分书都不能做到。它们要么太专业，要么就是毫无意义。但每个人都应该问问自己：有没有一两本书对自己的整个发展至关重要？

舒尔茨：让我快速地插一句，福楼拜说过一句话："我读书不是为了学习，而是为了生活。"

弗洛姆：没错！这是一句很棒的话。我之前没听过，但这正好表达了我想说的。从这个意义上说，对人生有决定性影响的书并不多。当然，每一本还算不错的好书都有它的影响。我们看的每本书都不可能对我们毫无影响，就像严肃的谈话或会面总有其结果。有了共同的经历，甚至我会说都经历了改变，才算是态度严肃的谈话。那往往是细微的，不容易一眼识别出来。但这实际上又回到了您之前谈到的那一点：如果两个人互相交谈，但结束和开始时一样，那他们等于没有交谈过，只是互相交换了几句话而已。这也适用于书籍。我生命中有这么三、四、五本书，如果没有它们，我就不会成为现在的我（至于我会成为什么样就不得而知了）。

首先应该提到的是《**先知书**》。我说的不是《圣经·旧约》。虽然当时我并不像今天这样特别讨厌那些关于征服迦南的战争书籍，但也不怎么喜欢，很少读上一两遍。但《先知书》和《诗篇》，尤其是《先知书》，过去是、现在也永远是我生命的源泉。

舒尔茨：您不想评论这些作品吗？

弗洛姆：我写了一本这样的书：《像上帝一样生存——犹太传统的诠释》（*Ihr werdet sein wie Gott，eine Interpretation der jüdischen Tradition*，1966a，GA VI）。我试图解读《诗篇》，区分从悲伤到喜悦的内心活动的《诗篇》篇章与其他完全不同、在情绪上保持一致的《诗篇》篇章，后者在某种程度上——并不是所有——有些自负，至少它们没有内部冲突、没有内心活动。有些诗篇只有在注意到一个人是如何开始陷入绝望状态时才能理解。然后这个人克服了绝望，可是绝望又回来了，他接着又克服了它。只有当绝望达到最深的尽头，达到其最大强度，才会突然像奇迹发生一般，转折点伴随着欢乐、信任、憧憬的心情而来。

《诗篇》第二十二篇就是一个很好的例子。开篇写道："我的神，我的神，为什么你离开了我？"为什么耶稣死亡时说出这些绝望的话，这是一个古老的问题。当还是个孩子的时候，我就问自己，这种绝望是否与他的自愿死亡和信仰相矛盾。事实上，这一点也不矛盾，因为（我在这本书中详细展示了）传统的犹太教引用诗篇的方式，并不像基督教那样，通过引用数字——如《诗篇》等——而是用第一个句子或第一整句话来引用。《福音书》描述的应该是，耶稣说了《诗篇》第二十二篇。这首诗以绝望开始，但以希望的赞美诗风格结束。与其他诗篇不同，它表达了早期基督教普遍的救世主期望。如果人们没有看到这种变化，如果人们以为耶稣只说了《诗篇》的第一句话，那他们就误解了。人们后来对《福音书》中的这句话进行了修改，因为它太容易造成误解了。我们偏题太多了，不过本来也没有大纲，这很好。所以这就是来源，当我今天读《先知书》的时候，它对我来说和五十年前一样鲜活，甚至更鲜活。

第二个主要的影响——要稍晚一些——来自**马克思**。主要是他的社会主义哲学愿景吸引了我。它们以世俗的形式表达人的自我实现的想法，他的想法充满人性化，人不以拥有、死亡、积蓄，而是生动的自我表达为目标。马克思在他的《1844年经济学哲学手稿》（*Ökonomisch-philosophischen Schriften aus dem Jahr 1844*）中首次表明了这一点。如果大家读过这些哲学著作却不知道马克思是作者且不了解马克思主义，那就很难猜出谁是作者，不是因为马克思的文本有某种典型性，而是因为斯大林主义者和大多数社会主义者改变了马克思的形象，使他仿佛只代表了当下的经济变革。实际上，经济变革只是达到目的的一种手段，马克思在人文主义意义上极为关注人的解放。如果大家学习歌德和马克思的哲学，就会发现惊人的相似之处。马克思完全站在人文主义传统中。我认为，他也站在先知传统中。如果大家看过最大胆、最激进的思想家之一梅斯特·埃克哈特（Meister Eckhart）的演讲，那么就会发现——也许会令人吃惊——他与马克思有许多相似之处。

舒尔茨：对于马克思，就像他的许多不同出身的同事一样，我们必须在他的追随者面前保护他。但如何做到呢？今天的大学或其他地方有没有试图阻止像马克思这样的作家——比如可以延伸到布莱希特、弗洛伊德或布洛赫，基本上可以延伸到每一个创造性思想家，他们在后人中都有争议——被束缚呢？究竟该怎么做呢？

弗洛姆：如今了解马克思的人，很少有人不是完全按照左派或右派的扭曲来解释马克思的。

舒尔茨：他们用他来证明自己的观点。

弗洛姆：是的，完全正确，他们用他来证明自己的观点——不仅仅是他们自己的观点，而且是一种实践和政治，且往往与马克思的思想和理想相反。无论是俄国的国家资本主义还是自由的西方资本主义——我的意思是大多数社会民主主义理论家，只要他们提到马克思，都是对马克思的歪曲。今天，真正理解马克思的人非常少。虽然听起来有些狂妄，但我还是要说：除了我和少数人之外，所有人都错了。当然我不是贬低别人，但在我看来，大多数"了解"马克思的人都忽略了一个事实，那就是马克思的思想从根本上说是宗教思想。这里的"宗教"并不是指对上帝的信仰。从这个意义上说，佛教也不是宗教，因为佛教没有神。"宗教"意味着态度，在这个态度中，一切都取决于人超越了他的自恋、利己主义、内心的孤独并敞开自我，他——正如梅斯特·埃克哈特说的——将自己完全清空，为了让自己能完全充盈、完全接纳、完全存在。换句话说，对于马克思来说，这是决定性的基础。

我经常给不同的人读马克思的《1844 年经济学哲学手稿》中的一些篇章，以此为乐。我记得我和铃木博士的一次谈话——他是禅宗的主要倡导者之一。我读了一些东西给他听，但没有说作者是谁。我问他：这是禅宗吗？当然，他说道，这就是禅宗。此外我给受过教育的神学家读一些东西，他们猜测了各种经典的文本，比如出自托马斯·冯·阿奎那或者非常现代的神学观点。没有人认为这是马克思的观点。他们根本不了解马克思。有许多马克思主义研究人员清楚地看到了这一点，如恩斯特·布洛赫（Ernst Bloch）；也包括反对马克思主义的天主教研究人员，如让·艾夫斯·卡尔韦兹（Jean Ives Calvez）。他们的人数并不少，但影响与流行的马克思主义解释相比，到目前为止是很小的——除了神学家。

对我来说，另一个重要的资料来源是一位学者，可惜的是，他不是那么出名，我是说**约翰·雅各布·巴霍芬**，即母系社会的发现者。大约一百一十年前他写就了自己的主要作品。这本书五年前才被翻译成英语，而且还不是全译本。巴霍芬发现，母系社会先于父系社会而存在。他不仅从总体上进行了论述，还表明了母系和父系地位之间的差异。总之，母系地位代表了无条件大爱的原则。母亲爱她的孩子，不计较能通过孩子得到什么：她爱他们，只因为他们是她的孩子。事实上，如果一位母亲爱她的婴孩是因为他的笑容可爱、性格乖顺，那大多数孩子都会饿死的。而简言之，父亲爱孩子，因为他们顺服他，因为他们像他。我不是说每位母亲或每位父亲都是这样，我说的只是一个理想的分类。也就是说，这种经典的分类贯穿了父爱和母爱的历史。而个体却是混合型的，也有很多母亲式的父亲和很多父亲式的母亲。

这种差异与父系社会和母系社会的制度不同有关。关于此，我们能读到的最好的内容便是《安提戈涅》。其中安提戈涅坚持**母性**原则："我不是因为恨，而是因为爱而生。"克瑞翁则认为父性（我们今天甚至会说"法西斯主义"）原则在国家法律中处于优先地位，明显优于所有人类价值。

对我来说，巴霍芬的发现不仅是理解历史的关键，是理解我们父权制社会及其以成就为条件去爱的原则的关键，而且是理解对我而言个人发展越来越成为核心问题的关键：对母亲的渴望在人类身上有什么意义？对男人和对女人而言相同吗？什么是对母亲的依恋？它到底是什么意思？俄狄浦斯情结的本质是什么？是关于性的关系吗？我不这么认为。它指的是人类最深的连接，即渴望一个非同寻常的形象，也就是对人类负责的女神，将生命危险甚至是对死亡的恐惧掩饰为某种形式的天堂。人类为此付出的代价是依赖其母亲，而不是完全地成为自我。这些都是重要的问题，也是为什么巴霍芬在二十年代初对我而言变得至关重要的原因。

佛教的影响力也非常大。它教我认识到，有一种宗教观点可以没有上帝。大约在 1926 年，我开始接触佛教，这对我来说是最重要的经历之一。我对佛教的兴趣一直延续到今天。后来通过学习禅宗，尤其是跟随铃木博士，以及大量阅读，我的这个思想得到了丰富。

目前为止，我还没有提到**西格蒙德·弗洛伊德**。弗洛伊德差不多在同一时间对我变得有意义，并且延续至今。我想说，这些影响——先知犹太教、马克思主义、**母系原则**、佛教、弗洛伊德——对我的思想是决定性的，不仅是思想，而且对我的整个发展起了作用。因为我之前从来没有能力，至今也没有学会去思考那些我无法重新经历的事情。抽象思维对我来说很难。我只能思考与我相关和我能在当下具体经历的事。如果不这样，我就没有什么兴趣和能力了。

舒尔茨：尽管——或者我应该说——**因为**您很了解马克思，您并不是一个行走的陈词滥调式马克思主义者。您和弗洛伊德的关系也应该类似。正如我们今天所说，您是从弗洛伊德开始的，但严格来说这意味着您离开了他，您超越了他，您向前走了一步。这就把您和众多的弗洛伊德追随者区别开来，如果我没看错的话，您与他们之间维持着批评的关系。

弗洛姆：我一直属于少数派。在巴霍芬那儿，我属于少数派，那些对他印象深刻的人都属于少数派。这是一个相对较小的群体。在弗洛伊德这儿我自然也属于少数派。我受教于柏林研究所，是一个严格的弗洛伊德主义者，首先便相信了弗洛伊德关于性的理论等等。在这方面，我一直是个好学生，总认为老师是正确的，直到自己更好地了解了材料。我知道了一些事情，才开始抗议。这在现在更是一种时尚，但那时还不怎么流行，我也不是这样，所以我刻苦学习。当然，相信我所学到的是正确的，这是一种巨大的压力。几年后，我开始怀疑。尤其是我越来越多地发现，应该找到的东西并不是在病人的素材中找到的，而是被诠释进了素材中。我还看到了一些别的东西。我发现我并没有用弗洛伊德的理论真正触及病人的实际问题。我现在不想讨论弗洛伊德的理论，它很复杂，重点还是要放到俄狄浦斯情结、阉割焦虑、所有与性有关的东西，以及与之相关的焦虑上去。

我观察到，这通常不适用于我面前的人。一些让我很不舒服的事发生了：我感到无聊。我坐在那儿，按照老师教的做每个步骤。我虽然没有睡着（就像我的一位老师说的那样，睡着并不是最糟糕的事情，因为如果某人在分析的时候睡着了，那么有时他会做梦，这样就比听病人说话更能了解病人，这就是所谓的合理化），但我注意到，我累了，六、七、八个小时后我就筋疲力尽了。所以我问自己：为什么你这么累，为什么你这么无聊？随着时间的推移，我发现这只是因为我无法接近生活，基本上是在处理抽象的东西，尽管是以相对原始的、可能发生在童年的经历这种形式。

随后，我越来越多地接触到于我而言具有决定性的东西，即人与人之间的关系和人类特有的激情。它并非基于本能，而是基于人作为人的存在。这时我才能看明白：是的，我能够真正理解了，而我分析的人也能明白我在说什么。他觉得：啊哈，原来如此！我再也不觉得累了，而且分析工作异常活跃。我经常想，即使病人在分析过程中症状没有任何改善——不幸的是有时确实会这样——分析的过程仍然是他一生中最兴奋的时光，因为他活过来了。如果我还是会累的话，就问我的病人："请您告诉我，这是怎么回事？您来的时候我还没那么累，现在我累得要命。是因为您说的话吗？或者我做了什么让这件事这么无聊？"所以对我来说，这真的成为一个好的临床分析的标准，无论发生什么，整个诊疗过程一定是有趣的——不是因为有趣又精妙的表达，而是因为双方说了一些重要、真实、与双方相关的内容。

舒尔茨： 您方才列举的文献和启发者，包括先知著作、马克思、巴霍芬、弗洛伊德和佛教，都是紧密相关的。另一方面，它们又是如此的不同，以至于一些人可能会惊讶于它们已经在您身上变成了拼贴画，或者——正如您的一些朋友所说——一个创造性的合成。您认为这是一个特点吗？

弗洛姆： 是的，我想是这样。我思考和感受的最深的冲动，是一种强烈的兴趣，想从所有这些表面上截然不同、对欧洲文化的形成至关重要的潮流——佛教除外——分离中看到共同的结构。［……］我想说明这些流派只是同一个基本态度和基本思想的不同方面。

我最喜欢读两位作者的作品：埃克哈特和马克思。大多数人当然会说：这真是够无聊的，现在谁信这个！然而，梅斯特·埃克哈特的激进主义和卡尔·马克思的哲学有很多深刻的共同之处。两者都能穿透表面直至根部。正如埃克哈特所说：用根来解释事物的发展。这也可能来自马克思和弗洛伊德。我们已经习惯了将作者及其作品嵌套在一起。我们翻开一页纸，然后读到了这个或那个，但并不能看到关键和整体。另一方面，我想试着生动地把一些重要的方面连接起来并放在同一个背景中看待，这些方面虽然彼此分离，却构成了西方思想的基础。这应该是我过去四十年里一直兢兢业业的主要动力和内容。

舒尔茨：如果您同意的话，我想先切断一下我们正在对谈的主线，给您和那些听我们谈话的听众一点有创意的休息时间。我知道，弗洛姆先生，您听过很多音乐，也把这个习惯传给了您的客人——比如我。与您在法兰克福的同事西奥多·W.阿多诺（Theodor W. Adorno）不同，您并不认为自己是专家，而只是音乐爱好者。有没有什么音乐是您偏爱或者忽略的？

弗洛姆：我的音乐品味很老派。然而，对我来说，音乐的重要性并不在于让我成为行家，而在于体验、聆听。我很难想象自己生活在没有音乐的地方。

舒尔茨：我欣赏了您推荐的唱片，发现了很多巴洛克音乐，很多莫扎特的作品，特别是管弦乐协奏曲，还有贝多芬的作品。但您告诉我，在您的偏好中有一种很特别，那就是巴勃罗·卡萨尔斯（Pablo Casals）演奏的巴赫大提琴组曲。卡萨尔斯小时候偶然发现了这些曲子，练了十二年才鼓起勇气公开演奏，他称这些曲子为"巴赫作品的精髓"。我把这六号组曲都带来了，我们想听几分钟。但是，首先请让我快速提一下，我最近看到了卡萨尔斯去世前几年录制的一段电视采访。他在采访中被问到，如果突然有机会向全世界讲话，会说些什么。他的回答是，我会对人们说，"在你们的内心深处，几乎所有人都希望和平而非战争、生而非死、光明而非黑暗"。现在我想告诉大家我说这段话的意思，那就是演奏巴赫时，没有伤感的和谐，而是充满活力。

舒尔茨：弗洛姆先生，您用了五六年工作时间写了一本书，已经在美国出版，今年秋季也会在德国出版，书名是《人的破坏性剖析》（*Anatomie der menschlichen Destruktivität*，1973a, GA VII）。这本书研究了人类侵略性的问题。如果大家愿意的话，这本书其实就是一本反面教材。它与许多流行的关于人类侵略性的观点相悖。其中有一章一定会引起特别注意，是关于希特勒的，关于希特勒的特性。这里也可以说，这是"反面章节"，因为它和我们现在感兴趣的根本不同。

弗洛姆：最近有一些关于希特勒的很有趣的出版物，是由前纳粹分子写的，很可能没多少读者读过。在德国出版的两本分别由约阿希姆·C.费斯特（Joachim C. Fest, 1973）和维尔纳·马泽尔（Werner Maser, 1971）撰写。不久前在美国，沃尔特·查尔斯·兰格（Walter Charles Langer）的一本书出版了。这本书的来历不同寻常，是战争期间美国情报机构给出的任务，目的是获取希特勒的心理画像。作者是一名完全正统的精神分析学家。直到现在，这本书都是一个秘密，就像很多在美国保密的文件一样。作者当时自然没有什么资料。他从弗洛伊德的角度分析了希特勒，即希特勒有俄狄浦斯情结，他目睹了父母的性交，等等——这在某种程度上解释了希特勒。当然，这有点天真，因为很难用适用于大多数人的资料来解释像希特勒这样复杂的人物。

法国作者雅克·布罗塞（Jacques Brosse）有一个更好的分析，他没有使用分析术语，却实际上很好地领会了希特勒。一旦他使用了分析性的术语，就会出现非常荒谬的想法。这些想法非常复杂和怪异，光是提及它们就要花半天工夫。但至少，他运用的是同理心和常识，而不是理论分析的公式，因此他的书是同类书中最好的。

我自己的分析既不同于德国历史上已发表的东西，也不同于对希特勒心路历程的分析尝试。早在 1941 年，我在《逃避自由》（*Die Furcht vor der Freiheit*，1941a，GA I，S. 338f.）中就对希特勒做了一个简短的分析，并没有涉及童年素材。

目前的尝试更加详细，利用了现有的历史资料，因此走得更远。在第一次分析中，我认为希特勒主要是一个施虐—受虐狂，这个词的意思是某人（按我的理解）拥有对他人的控制和权力的无限激情，但同时也渴望屈服。在此期间，在长期研究和深入了解的基础上，我逐渐指出了另一个在我看来对希特勒更重要的因素。我称之为"恋尸癖"。这实际上是一个只适用于性变态的术语，但我是在效仿伟大的西班牙哲学家乌纳穆诺。1936 年，乌纳穆诺在萨拉曼卡的一次演讲中谈到，长枪党的座右铭"死亡万岁"是"恋尸者"的座右铭。因此，我理解到，在非"性"和非"肉体"的意义上，恋尸癖是被所有死的东西、无生命的东西、导致解体和摧毁共存关系的东西所吸引，这种纯粹机械的吸引力与对生命的

爱相反。恋尸癖（Nekrophilie）是对已死之物的爱。Nekros
指的是尸体；恋尸癖不是对**死亡**的爱，而是对**死者**的爱，对
一切没有生命之物的爱。与之相反的是对生命的爱，对生长
着的万物的爱，它是有组织的、统一的，不是支离破碎的。

　　回到希特勒。如果我们完全诚实，就不能因为他发动了
战争、导致数百万人死亡这个事实而认为他是特别的。在过
去的六千年里，将军和政治家一次又一次地这样做——主要
是为了合理化，认为这对祖国是必要的，等等。他杀害无辜
的人，这是许多想要发动战争的将军和政治家没有做的事
情。我分析希特勒的关键是要表明，他是一个深深憎恶生者
的人。如果我们说希特勒憎恨犹太人，那当然是正确的，但
也不完全正确，因为这句话太狭隘了。是的，他憎恨犹太
人，但他也憎恨德国人。因为当他丢掉了胜利，当他的野心
破灭时，他想要整个德国灭亡。他早在 1942 年就说过：如果
战争失败，德国人民就不配继续生活下去。希特勒是一个极
端的恋尸者的例子，他的真实性格因强调"救赎"而令他的
追随者不易察觉。

　　希特勒的脸上有一些恋尸者所具有的特征，像某种形态
的警犬一样，就好像它们在闻一些不好的东西——实际上根
本没有什么不好的气味。从这里大家可以看到，对这些人来
说，所有活着的东西都比死去的东西更肮脏，以至于他们发
展了一个非常古老的感官——嗅觉。汉斯·冯·亨蒂（Hans
von Hentig）在犯罪学文献中提到了一些案例，我们从中注意

到同样的情况，例如有些人渴望闻到难闻的气味。这是这类人的特点。他们认为发霉的气味、粪便和腐烂的东西是"充满吸引力的"。这种变态也可以从面部表情中看出。大家会在恋尸者身上发现他们的面部表情是保持静止的。他们没有反应，面若冰霜。对于亲近生命的人，大家可以看到他们的面部活动，当他们看到活物时，脸上会熠熠生辉。

我们也可以用不同的方式来描述：恋尸者非常无聊；亲近生命的人从不无聊。不管这些人说的是什么，可能是一些完全不重要的事情，但他们说的话总是充满活力的。恋尸者会说一些机智的话，但仍是死气沉沉的。一个知识分子可以说一些非常机智的话，听者却感到无聊。而一个不那么聪明的人可以说一些非常简单的话（这又回到了我们关于"闲谈"的问题上），听者却一点也不觉得无聊，而是很兴奋，因为生命在诉说。有吸引力的总是生机勃勃，一个人因为他的活力而具有吸引力。今天的人们认为——这是我们男人说的话，化妆品行业可能会同样告诉女性——你会被爱、被吸引，只要你的脸按照一定的规则以这样或那样的方式进行点缀，或者某处有条特定的皱纹，或者模仿某种既时尚又有吸引力的表达方式。很多人都信以为真，通常是那些没有太多自我意识的人。事实上，只有一样东西吸引人，那就是活力。可以观察到，当两个人即将坠入爱河时，他们互相吸引，因为他们希望取悦和吸引对方，实际上会比平常更有活力。不幸的是，当他们实现了自己的目标，当他们"拥有"

对方的时候，想要有"活力"的欲望就减少了很多。突然之间，他们完全不同了。一段时间后，他们不再相爱了。他们甚至都不知道为什么会相爱，因为现在的伴侣变了。他（她）不再美丽，因为他（她）的脸上不再有活力所带来的美。

恋尸者的脸永远不会美丽，因为他没有生机。这从希特勒的照片上便可看出。他不能自由而生动地笑。阿尔伯特·施佩尔（Albert Speer）告诉我一些关于希特勒的事，他在晚餐或午餐时无聊到令人难以忍受。他滔滔不绝，甚至没有注意到大家都很无聊。他自己也很无聊，有时听着自己的话都快睡着了。这就是典型的恋尸癖，毫无生命力。

"恋尸癖"（Nekrophilie）和"亲生命"（Biophilie）这两个术语是基于我的临床经验，同时也是通过弗洛伊德关于生死本能的概念而形成的。在很长一段时间里，像大多数分析师一样，我拒绝接受"死亡本能"这个概念，因为在我看来，它只是在没有经验的基础上的纯粹臆测。但后来我从临床经验中看到，虽然弗洛伊德的理论纲要看起来是有争议的，但他经常击中一些极其重要的东西，如人的两种原始力量是**对生者的倾向和对死者的倾向及其破坏性**。弗洛伊德描述得很好，他说爱神、生命本能或爱的本能倾向于将一切整合为一体；而死亡本能的目标，我将其称为"瓦解"。

弗洛伊德的概念形成与恋尸癖、亲生命的概念形成的主要区别在于两点。首先，在弗洛伊德的理论中，这两种力量是平行的。毁灭的欲望和生活的乐趣在人身上同样强烈。我不这么认为。一方面是出于生物学的原因，因为从生存的角度来看，一旦假设生命维持确实是生物学的最高原则，那么自我毁灭就与维持和促进生命的欲望一样重要，这是没有道理的。另一方面，我们也可以看出，破坏性倾向，即死亡本能倾向，是生活艺术失败的结果，即不正确的生活的结果。

可以说，一个没有机会获得自由和发展的人，一个受到限制的人，一个生活在一切都是机械的、毫无生机的阶级或社会中的人，［……］失去了活泼的能力。小资产阶级实际上是希特勒追随者的核心，他们是那些经济和社会地位已经缩小、没有指望的人，因为从经济上讲，他们的阶级在现代资本主义的发展中注定要灭亡。如果纳粹最初描述的是一种和谐宁静的画面，即百货商店应该属于所有小商人、每个人都有一个小隔间，那么这是极具煽动性的吸引力，但自然是完全不现实的想法，因为纳粹主义并没有阻碍德国的资本主义发展，而是让它不受干扰地继续发展。

人们也可以在个体中看到生命力受挫和恋尸癖之间的这种联系。对于那些家庭"死亡"的人来说，他们在整个童年时期都感觉不到生命的气息，这并不罕见；一切都是官僚主义的，一切都是例行公事的，一切都是"拥有"，一切都是规则，而每一种自发的生活冲动实际上都被父母视为不好的东西。毫无疑问，儿童天生具有非常活泼和积极的倾向——最近的神经生理学和心理学研究表明了这一点［vgl. E.

Fromm, 1991h（1974），GA XII, sowie E. Fromm, 1973a, GA VII, S. 214—220〕——儿童在这样的家庭中变得越来越气馁，然后走上了一条让死气沉沉成为主角的道路。最后，我们可以说：那些不乐于生活的人想要报复，宁愿毁灭生活也不愿觉得自己的生活毫无意义。他们尽管肉体是活着的，但精神上是死的。这就是为什么会有一种积极的毁灭欲和毁灭包括自己在内的所有人的激情，而不是承认自己出生后没有成为充满生命力的人。对于那些经历过这种情况的人来说，这是一种非常痛苦的感觉，毁灭的欲望几乎是一种必然反应，这不仅仅是猜测。

舒尔茨：您认为恋尸癖正在增加吗？

弗洛姆：恐怕是这样。我担心它会随着所有机械的过度投入而增长。我们逃离生活。很难简单解释为什么在控制论的社会和文化中，事物越来越多地取代人、取代生命。人们正变得——我们在前面的对话中提到过——越来越**对自己的存在感到不安**。当我说到"存在"，我用到的是一个在哲学史上扮演着重要角色的术语：什么是存在？我对此处的哲学意义不感兴趣，但对经验这方面感兴趣。举个简单的例子。一位女士来找心理医生，她会这样开口："是的，医生，我**有**一个问题。尽管我**有**一个幸福的婚姻，我也**有**两个孩子，但我还是**有**很多困难。"她所有的句子都是用动词"有"构成的。整个世界似乎是一个拥有的对象。过去人们会说（从自己说英语和德语的经历中，我清楚地知道这一点）：我**觉得**

不快乐，**我觉得**满意，**我觉得**担心，**我爱**我的丈夫，或者也许我也**不爱**他，或者我对此**表示怀疑**。人谈论自己是什么，也就是说，谈论他们自己的积极性，谈论使他们动情的内容，而不是一个对象或占有物。然而，人们越来越多地用名词来表达所有的存在，然后用"有"这个词连接起来：**我拥有**一切，却什么也**不是**。

舒尔茨：如果人们能像您强调"生命"一样说出和描绘这个词，如果人们在您看来不再能以人民、以法律、以政党、以实际困难、以上帝以及所有权威者的名义实现人道的未来，而只能**以生命的名义**实现，那么——这就是我现在的考虑——您对生活的兴趣必须是紧随**条件**之后的，在这些条件下生活可以充分发展，而现在的环境并非如此。您能想象这样的条件和环境是为了生命而产生的吗？您的"亲生命"的想法有政治上的影响吗？与您大多数从事精神分析工作的同事不同，您是一位明显的政治人物，而且很独立。您的政治可能并不一定与政党政治相同。也许有时候我们不选边站队会更有想法。毫无疑问，所有这些都与您的理论方法有关。您愿意再多说一点吗？

弗洛姆：当然愿意，因为这对个人和总体来说都是很重要的问题。您说得很对，在更有可能入党的那些年里，也就是我年轻的时候，我从来没有入过党。我曾经是美国社会党的一员，直到它发展到在我看来极右的地步，即使再乐观，我也不可能再是其中一员了。我对政治非常感兴趣，但也不能执着于政治上的幻想，就因为它们支持我的"路线"。谎言可以与党派捆绑，但最终只有真相才能解放人类。太多的人害怕自由、喜欢幻想。

舒尔茨：正因为他们是不公正的，这会缩小他们的视野。我的意思是，在某种程度上，政党政治化甚至是非政治化了。我并不想说什么反对政党及其必要性的话，我只是认为，如果政治与政党政治相融合，我们就有变得不关心政治的风险。

弗洛姆：是的，因为政党，尤其是那些最进步的政党，它们今天几乎不以党派的形式存在，而必须以更多的独立人士为前提。这对于政治来说，有一些在政治上很活跃的人，他们站在那儿，公开说出他们所想和所知，这是必不可少的。我们不能把私人和公共的分开，不能把自己的知识与社会的知识分开。两者是合二为一的。在我看来，这里存在着弗洛伊德和许多精神分析学家的谬论，他们认为人可以区分这两者，人可以完全洞悉自己，但对社会进程视而不见。然而人们并不能那样做，因为真相是不可分割的。人不可能在一处看到现实而在别处保持封闭。这会把刀磨钝，也就是说，对于真相会遍寻无果。只有当人们能正确地看待他人和他人所处的社会环境时，也就是说，只有当人们对世界上正在发生的事情持批判态度时，才能正确地看待自己。这也是爱的需求。如果我们爱人类同胞，就不能将我们的洞察力和爱局限于作为个体的他人，否则会不可避免地导致错误。我们必须是政治人物，我甚至会说热情地参与政治，每个人都以最适合自己的气质、职业和能力的方式行事。

我对此还想补充一些。我认为，知识分子的主要、次要、第三任务都只有一项：尽其所能寻求真相，并把真相说出来。知识分子的主要作用不是设计政治纲领。这与我刚才说的关于政治活动的内容并不矛盾。但知识分子有一项特殊作用，这是区分他们的主要标志或应该用它来区分他们，即不顾自己或他人的利益，毫不妥协地追求真相。如果服务于某个政党或某些政治目标的（这些目标也可能是好的）知识分子限制其寻求并说出全部真相的作用，他们就违背了自己最初的使命和肩负的最重要的**政治**任务。因为我相信，政治上的进步取决于我们对真相的了解程度，取决于我们如何清晰、大胆地说出真相，取决于我们如何给人们留下深刻的印象。

六、希特勒——他是谁？对这个人的抵抗意味着什么？

舒尔茨：抵抗的问题在全世界越来越受到关注。有很多诱因，也有很多形式的抵抗；人们有抵抗的权利，甚至有抵抗的义务。甘地在理论中勾画了广泛的可能性尺度，进行了战略性提高，并在实践中进行了检验，取得了惊人的成功。但对他来说，毫无疑问的是，抵抗并不局限于对某些战斗技巧的完美掌握，而是一种基于信念的态度，一种影响人们一生的态度。甘地将抵抗的人与士兵类比：他们必须准备好放弃自己的生命，但他们的勇敢不是为了战争，而是为了和平，他们的武器就是放弃武器。我们现在才慢慢开始看到甘地抵抗原则的重要政治意义。按照甘地的精神，及时、有计划的抵抗就不会或几乎不会遭遇希特勒了。

不过在这里我们要谈的是对希特勒的抵抗——已经发生的和没有发生的抵抗。为了确定对他的抵抗意味着什么，我们必须知道：这个人到底是谁？他怎么会有这样一种不合理的、大规模的权威呢？

如果大家浏览一下关于希特勒的大量文献，便会惊讶于大多数作家**不再**对他感到惊奇。他们的解释通常直截了当。不少人得出这样的结论：如果对希特勒的抵抗能更有效、更统一地组织起来，抵抗当然会成功。

是这样吗？人们真的清楚到底该抵抗谁、抵制什么吗？在缺乏思考方式的情况下，适当的反对就能看穿希特勒形象和影响的复杂性吗？当然，许多抵抗运动的战士都很清楚地认出了希特勒是谁，并计划对他做什么。但他们面对的不仅仅是一个人，而是一个**大众现象**。他们当时处于劣势。他们不能获益，感觉不到民众中更大群体的支持（我们现在不考虑他们到底想要一个什么程度的民主基础这个问题），但他们还是睁开了慧眼。他们对这样一种令人不安的印象感到恼火：一方面来得太晚，另一方面又来得太早。希特勒早就该下台了，但人们准备好接受没有希特勒的政治了吗？这种怀疑的想法在谋反的重要圈子里起了迫切的作用。

弗洛姆先生，与您的大多数同事不同，您很早就开始为新的政治心理学和人类学倾注心血。在我看来，您从您的立场做出的贡献，作为一种补充，同时也作为对其他评价希特勒的观点的质疑是必不可少的。

弗洛姆：希特勒是谁？这个关于"某人是谁"的问题每个人都会提——兴趣程度各不相同。这个人是谁？我是谁？我们能对此最后说点什么吗？这对希特勒来说就像对其他人一样困难。因为人类有复杂的动机、追求、矛盾。除了有意识地思考些什么，人们还有无意识地感到和做出的一切，所以人们永远无法得到这个问题的完整答案：这个人是谁？我是谁？然而，如果陷入基于这种观察的相对主义，并认为我们根本不知道这个人是谁，也不知道我是谁，那将是一个错误。大致上可以说，就所有实际目的而言，我们可以充分了解一个人是福还是祸。在这个限制下，我想冒点风险谈谈希特勒这个人。

如果大家看了他的故事，可能会说他是一个一直生活在幻想中的人，从孩童时期就这样。他有最宏伟的想法，这意味着他永远不需要适应现实，也根本不可能适应。在《我的奋斗》（*Mein Kampf*）中，他把与父亲的冲突描述为他想成为一名艺术家，而父亲想让他成为一名公务员。但这并不是冲突所在。

对于希特勒和其他一些人来说，成为一名艺术家意味着不受任何约束，只需要实现他的幻想。父亲可能并不是希特勒成为一名公务员的决定性因素。虽然父亲曾经建议其子这么做，因为他自己就是公务员，但他越来越意识到这个儿子没有责任感和纪律性，他没有积极调整自己的生活并根据某个目标来塑造它。像许多自恋的人一样，希特勒经历了许多失望。他的宏伟想法越来越多，与现实成绩之间的鸿沟越来越深。从这个鸿沟中产生了怨念、愤怒、仇恨，以及不断滋生的宏伟理想。因为他实际取得的成就越少，就越会展开幻想。

舒尔茨：这在早期就显示出了吗？

弗洛姆：这在很早的时候就显示出了。他去了维也纳，没能通过艺术学院的考试，然后想学习建筑，但要学习建筑必须再上一年学。他做不到，也不想做。于是，他向所有人隐瞒了没有通过考试的事，包括他最好的朋友。他走上了维也纳的街道，画出维也纳美丽房屋的正面。

他想，这样就能成为建筑师了。最后，他成了一个小商人——如果大家愿意这样说的话——成了一名商业艺术家，按照模板作画，从不或几乎不根据自然作画。他极其死板，靠卖掉了这些画获得微薄的收入。

希特勒的宏伟理想完全失败了——直到第一次世界大战爆发。在这场战争中，他"觉醒了"，因为现在他突然可以和德国融为一体，不再需要做任何独立的事情。他确实是一个勇敢可靠的士兵。但军官们很快就向上级控诉了他谄媚的行为。这是他自己的特点，永远不会消失，尽管后来他有了权力，可以让别人对他溜须拍马，因为除了"命运"、他屈从的"自然法则"和"天意"之外，再没有人居于他之上。

这只是希特勒的一面，另一面是他的极度自恋。自恋是什么？我指的是每个人都可以自己观察的东西。观察别人很容易，观察自己就相对难一些。对自恋的人来说，只有于他们有益的东西才是真实而重要的。我的理想、我的身体、我的财产、我的想象、我的感觉：所有这些都是真实的。而不属于我的东西则苍白且几乎不存在。对于精神病患者，这可能会使他们无法察觉外界正在发生的事情。希特勒一生都自恋，他除了对自己之外，不对任何事物感兴趣。他几乎完全麻木了，有关其母亲或者其朋友的事都提不起他的兴趣。是的，他根本没有朋友，他生活在完全没有关系的环境中，只认识他自己，他的计划、他的权力、他的意志。

也许希特勒最重要的特征就是他的**恋尸癖**，也就是对死去的东西的爱、对毁灭的爱、对一切没有生命的东西的爱。当然，这是一个非常复杂的问题，我不能在这里详细论述。但也许我可以简要地说明：有些人的特点是他们热爱生活，还有一些人可以说是讨厌生活的。热爱生活的人很容易被别人认出来。没有什么比这样的人更有吸引力了。人们发现他爱的不仅仅是某件事或某个人，他热爱的是**生命**。但有些人并不热爱生命，宁愿憎恶生命。他们被无生命的事物吸引，最终被死亡所吸引。

舒尔茨：但随后出现了一个相当紧迫的问题，那就是为什么没有更多阻力，为什么没有**更多**厌恶以及反感希特勒恋尸癖影响的情况存在呢？这难道不意味着——至少是潜在地——恋尸癖在大部分民众中普遍存在吗？希特勒和那些追随他的人、赞同他的人、听从他的人之间肯定有共性，有联系，甚至有勾结。

弗洛姆：这个问题的答案很复杂。首先，他的性格和他的狂热追随者之间确实有大量的对应关系。如果大家用社会学和社会心理学眼光看待事物，就会发现，热情的纳粹分子的核心来自小资产阶级。也就是说，他们来自一个完全绝望、充满怨恨的阶级且本身就是施虐—受虐者，也就具备了所谓的"自行车特性"（对上卑躬屈膝，对下欺凌践踏）。这些人在他们的生活中没有值得爱的东西、没有有趣的东西，所以他们现在开始控制别人，甚至毁灭自己。

接下来是第二点：因为希特勒是一名优秀的演员，他可以假装他的目标是拯救德国。他以一种出色的方式做了这件事，致使数百万人相信了他而看不到真相。希特勒在暗示方面很有天赋。不管大家称他的效果为克利斯玛（chrisma）型的、催眠型的还是蛊惑型的——似乎他都有一种让人乐于臣服的影响力（例如，经常有报道说人们因他的眼神而沦陷），其运作机制如下都是先向他屈服，然后便相信他的话。他自己也曾宣称：人们必须在晚上开会，这会儿大家已经很累了，更有可能相信他告诉他们的事情，也更不愿意用理智抵制这些事。所有这些因素结合在一起，希特勒就有了真正的追随者，他掩盖了自身的破坏性，以欺骗这些追随者。数以百万的人不能看透他的目标是什么。他们像追着哈默尔恩（Hameln）的花衣魔笛手一样追着他跑，却没有弄清楚他把他们带到了哪里。

舒尔茨：一方面他是诱惑者。他是一个"来自上层"的人，也是众人所称的"强悍的人"。他承诺解决问题，甚至救赎。另一方面，在我看来，这似乎是"从底层"创造出来的，或者至少提供了这种可能性，也就是说，他是期望和环境的产物。这样来看，我怀疑每个强者都是弱者。他之所以强悍，是因为他是许多人的楷模。而在抵抗中表现出来的强势是完全不同的性质。希特勒可能对我们此处说的抵抗毫无招架之力。还是我说错了？我对"领导"和那些被领导或被引诱的人之间极其引人注目的关系很感兴趣。

弗洛姆：在我看来，您说的完全正确。希特勒是个领袖，但他需要民众，以使自己感到强大。他不是那种可以在没有掌声的情况下发展和宣传思想的人。他需要掌声、需要热情来获得认可。他的权力感来自谈话对象的反应。这一点在慕尼黑纳粹党的二十一人小圈子里已经很明显，希特勒就是以此发迹的。像每一个自恋的人一样，他非常自我，他听自己说的每一句话都像是最伟大的智慧和真理。

但是为了相信自己，他也需要别人相信他。如果除了他自己，没有人相信他，那么他就会疯狂至极。他的论点不是理性信念的结果，而是情感欲望的表达。它们是基于对他的伟大和力量的感觉，正如我说的，这需要得到证实。如果人们把掌声和成功从希特勒身上拿走，那么他将会是一个近乎疯狂的人。我并不是说他疯了，他并没有真的发疯，但是——如果用尖锐的话来说——为了保护自己不发疯，他需要自证自己的想法是真实的，因为数百万人都拥护他的想法。真理的证明在于掌声，而不在于思想本身的内在一致性。希特勒从不关心什么是真理。像所有煽动者一样，他只对能带来掌声的东西感兴趣，因为掌声能让事情成真。

舒尔茨：您所说的很可能对评估政治和政治家大有意义。

我只是担心，我们离能够抵抗这种非现实的诱惑、对心理屈服免疫的政治成熟度还有很远的距离。但是，弗洛姆先生——回到我们最初的问题——您刚才描述的对于某个人的抵抗、大规模的不服从和反叛是什么呢？

弗洛姆：我们来看看"抵抗"这个词。"抵"抗、"抵"制、"抵"御、"抵"触——为了达到这个目的，人们自己必须成为某人，这样被骗和被洗脑就不那么容易了。而恰恰相反，如果必要，人们就有能力抗议、拒绝和愤慨。此处有个先决条件，那就是人们意识到像希特勒这样的"元首"和他的政治不仅仅是凭借一个特定的政治观点能让德国更加繁荣兴盛，而是他们的性格、情感，甚至哲学与宗教元素也渗透进他们的思想。

希特勒说他希望德国得到最好的。谁不想这样呢？他自然不会说他的目标是毁灭和征服其他国家。这些都只是防御性措施，目的只有一个：让德国达到全盛。如果大家认为这是一个纯粹的政治声明，那么只能说：我认为这是对的，或者我不认为这是对的；这些手段是合适的，或者这些手段是不合适的。这仍然是一个理性计算的问题，就像人们在经济中理性计算一样。

然而，如果人们意识到所有这些只是精神分析学的"合理化"，这些看起来理性的原因并不关乎本质，就会发现希特勒的思想体系是恋尸癖和施虐—受虐性格的表达——就像我之前我简要描述的那样。只有当人们可以让自己看到理性表达背后的东西且不听领袖说什么，而是观察他如何说出这些话，看他的面部、手势以及整个人，才能发现他有什么性格，然后才有可能进一步发现这个领袖是个恋尸者，从而深深地拒绝他、对他感到愤怒且不希望与他有任何关系，永远不可能与他成为朋友。人类本身倾尽自己所有的力量来维护生命和人的尊严，并崇尚自由，而恋尸者的所有力量都用于毁灭、压制、束缚、屈服和统治。我们必须停止将注意力集中在言语上，而开始确切地了解说这些话的人是谁、要干什么、本质如何、性格如何。此外，应该注意的是，就像在很多情况下，人们不仅用政治达到目的的理性意义，而且还应考量世界观和宗教——如果人们愿意的话。从广义上讲，每个人都是教徒，也就是说，人都有一些超出谋生需求的目标，有愿景和激情引导他们创造出一些东西，以证明人不仅仅是一个"进食和爱情机器"。但今天，这些宗教大部分不再以宗教的意识形式出现，而是经常出现在政治和经济的思考与计划中，只是人们看不出它们实际上就是宗教。人们问：希特勒的宗教是什么？我们可以说：希特勒的宗教是一种把民族利己主义、服从、不平等和仇恨神化的宗教。它是一种关乎权力和毁灭的异教宗教。它不仅仅是异教宗教——它与基督教、犹太教或人文主义传统的世界观形成了最强烈的对比。我们也可以换一种说法：希特勒的宗教是某种程度上的社会达尔文主义。对他来说，能够保护种族的东西是好的。人不再以上帝的名义、正义的名义、爱的名义行事，而是借进化之名行事。自达尔文以来，社会达尔文主义对于不少人来说已经成为一种新的宗教。新的神是进化论的原则，达尔文就是这个宗教新的先知。这也许是希特勒唯一相信的事：他在为进化规律服务，为生物规律服务，并将其付诸实践。

这种想法并不局限于希特勒。在康拉德·洛伦茨关于侵略性的著作中也可以找到这种观点，其中的主要哲学思想是：人必须为进化规律服务。他在1941年的一篇文章中表达了这样的观点。他称赞希特勒的一些"种族卫生"法规是有科学依据的，他也完全同意这些法规。

现在问题是，我们能不能看到，在政治主张的背后，实际上存在着**意识形态—宗教**和**心理**事实。那些表述和声明借口说自己只要最好的，而这样的表达是否出自某种特定的心理和意识形态类型？举个最著名的例子：法国大革命。博爱、平等和自由，是的，这些激情感动了当时的人们，也许深深扎根于人的本性中，根植于人的整个存在中——根据一些神经生理学家的假设，甚至根植于人的大脑结构中。对自由的需要被认为是人类有机体充分运作的条件。所有这一切不仅是法国革命者的政治路线，而且这样的哲学影响了启蒙运动，而启蒙运动又深深扎根于广大人民的心中。由于历史环境的原因，他们已经意识到这些人类的需求，并将它们表达出来。希特勒的自恋也是一种宗教，尽管目的相反，却也因此吸引了性格相反的人。

舒尔茨：我们也许可以用莫尔特克（Moltke）和弗莱斯勒（Freisler）在人民法庭对峙的历史来说明这一点。莫尔特克在结语中说：纳粹和基督教有共同之处，但是这同时也区分了两者，并使两者成为敌人，因为它们都要求绝对忠诚……

弗洛姆：没错。在极其严肃的立场下，莫尔特克用一个简短的句子表达了我在这里想用许多句子表达的意思，而且他说得非常准确。这就是它的意义所在。

舒尔茨：在莫尔特克那里，我们发现了很多清晰至极却又非常规的表述。他的政治观念十分清醒，在各种人生境遇中都是一名天赋异禀的实践者。他一再把人称为政治兴趣的中心。在关于国民教育计划的想法中，莫尔特克在很大程度上受到了罗森斯托克-胡絮（Eugen Rosenstoc-Huessy）的启发。罗森斯托克-胡絮说，对于政治教育来说，一个人是谁的问题比他的政治思想如何、他支持哪个政党等问题更重要。当时的人不想听这些，即使在今天，人们也不喜欢听到这种说法，因为它被误解为私人化。但是在您解释的背景下，它变得具有高度的现实意义。对希特勒很大程度上未能实现的抵抗，不仅仅是一种矛盾，而且是一种"反存在"。然而，这种反存在并没有委派给少数政客，它在一定程度上是门外汉的事，是每个人的事。有没有社会心理学研究可以支持这种说法呢？

弗洛姆：人是谁？人的性格怎样？问这个问题，不仅是出于道德和心理上的兴趣，而且显然是出于政治上的兴趣。任何看不到这一点的人都是在缩小政治这个概念。从特征的角度来看，大多数德国人有着怎样的导向？德国是一块希特勒的种子能够轻松地茁壮生长的土壤，还是一块对希特勒来说干燥而难以驾驭的土壤呢？1931年，我和一些同事在法兰克福社会研究所做过一项关于这些问题的研究，可惜直到现在还未发表。

当时我们问自己：如果希特勒掌握越来越多的权力，对他进行有效抵抗的机会有多大？大多数民众，尤其是那些在他们**看来**反对希特勒的民众，也就是工人，还有很大一部分职员，会有多少抵抗？我们想通过一种性格的分析来调查这个问题。不是针对希特勒，而是第一次使用"独裁性格"这个概念，意思是一个倾向于屈服、顺从的性格结构，但同时又想要统治——因为它们两者总是在一起，相互补偿——与真正民主的或革命的性格相反，这种性格抗议统治和被统治，于它而言人类的平等和尊严必不可少，这种性格会被为尊严和平等服务的东西所吸引。

我们从以下理论入手：一个人的想法是相对公平的，这在很大程度上是随机的，取决于他听的是哪一种口号，他是否遵从传统和在社会上所属的政党，以及他接触到哪种意识形态。他或多或少也和别人想的一样。这是人们墨守成规和缺乏独立性的标志。我们称之为"观点"。改变观点很容易。一种观点只有在情况不变之下才有效。顺便说一句，这是所有只征求意见的民意调查的一大缺点。根据这些测试的特性，我们不能问：如果环境骤变，你明天会做什么？但这在政治上是重要的，一个人**现在想什么**并没有多重要，真正重要的是他如何生活和行动。他的生活和行为取决于他的性格。如果大家这样问，便会想到您前面提到的另一个概念，那就是**信念**。信念是一种植根于一个人的性格而不仅仅是头脑中的观点。信念来自"他是谁"，而意见往往只来自他**所闻**。我们对自己说：人们只有在反对恐怖主义的**信念**中才会抵抗，而此处只有**观点**是不够的。这意味着，只有当他们自己没有独裁性格时，才会抵抗和拒捕。

舒尔茨：您的研究所基于的问题让我意外。在今天以定量调查为主的民意调查中，我很难想象会出现这种情况。但不只是关于观点的研究，所谓的政治教育本质也只是针对"观点"而忽略了品性问题。

弗洛姆：不幸的是，这是大多数政治观点研究和公民教育努力的主要缺陷。人们没有考虑到性格因素，以及——如果大家有的话——意识形态—宗教因素是所有政治的一部分。马克思主义还着重强调了一个概念，即政治是经济利益和阶级利益的表现。马克思主义者一直强调这一点，与政治的目的理性这一特性形成对比。我认为他们总体上是正确的。但即使在这个马克思主义理念中，也缺少了一些东西。它不仅仅是关于经济—社会的动机，而且关于何种激情、何种人的内在可能性——尽管与社会经济因素有关——将被触发；这意味着人们不仅根据他们的经济利益行事，而且根据内在需要、激情、目标行事，这些都深深扎根于"人类处境"和人类的生存条件中。我认为大家必须非常熟悉这两个因素——经济的以及人类特有的激情——才能理解人们为什么会以这样或那样的方式采取政治行动。这两个因素整合在"社会性格"这个概念中。

这是心理学总体上还没有填补的巨大空白，而政治科学仍然在很大程度上处于落后的理性主义阶段，似乎政治中的激情不可能成为实证研究的对象。

如果现在回溯我们在法兰克福的调查，我们试图查明的问题是：德国工人和职员的主要性格态度是什么？我们向两千人发出了问卷，里面有许多详细的问题。大约有六百人回复，这个发出和收回问卷的比例在当时完全正常。我们的问卷并没有像其他问卷一样包含问题和预设的答案，如"是"或"不是"或"非常"或"一些"或"完全不"，答案都是调查对象或采访对象自己写下的。然后我们用精神病学家或精神分析学家在对话中分析答案的方式来分析问卷：与调查对象有意识的思考相比，他们的无意识意味着什么？如果每个回答都按这样分析，那么几百个答案就能组合出一张图像——不仅仅是人有意识地想的答案，还有他们性格中的内容、他们所爱以及排斥的内容、吸引他们的内容、他们想要促进或否定和谴责的内容。

举个例子：当被问到"幼儿不受体罚能行吗？"，其中一个回答说："是的，行。"或者："不，不行。"大家可以同时持有这两种观点，而不必过多谈论性格。但如果有人回答说："是的，因为它们限制了孩子的自由，孩子应该学会不害怕。"那么我们就把这句话视为非独裁人士的性格特征。相反，如果有人说："不，因为孩子必须学会害怕父母，应该学会服从。"那么这就被解释为独裁性格的暗示。我们当然不能仅从一个问题就得出这样的结论。但因为我们有一份包含几百个问题的问卷，所以可以证实，问卷的答案出奇地一致。在十个问题之后，我们就可以大概知道其他问题的答案了。

我们得到了如下结果。大约 10% 的受访者具有独裁性格。我们认为，他们会在希特勒上台之前或之后不久成为狂热的纳粹分子。大约 15% 的人具有非独裁性格，理论上认为这些人永远不会成为纳粹分子。他们是否有勇气拿自己的生命或自由冒险是另一个问题，但他们将始终对纳粹的政治和意识形态怀有强烈的敌意。大多数人（75%）是混合型性格，这在资产阶级性格中很常见，他们既不是特别支持专制，也不是特别反专制，而是两种特质兼备。关于他们，我们对自己说：这些人既不会成为狂热的纳粹分子，也不会成为抵抗分子。因为他们的性格不够清晰，所以或多或少是追随者而不是战士。

虽然我们没有德国工人和职员数量的精确数据，但这些结果告诉我们至少会在心里成为抵抗分子或纳粹分子的人的比例。我相信了解情况的人会赞同这个比例，我们在研究中得到的数值大小非常接近现实情况：只有相对较小的一部分德国工人参加了抵抗运动，更小的一部分成为狂热的纳粹分子；但对大多数人来说，两者都不是。所以抵抗是不成功的。这个从理论上得出的预测，对于判断政治形势和希特勒的成功当然非常重要。如果对人们**感觉到**什么、人们是什么（不仅是人们认为什么、说什么）这样的问题感兴趣的话，那么同样的调查也可以在每个国家的国民中做。一旦人们理解了信念和观点之间的差异，就可以在具体的社会分析调查的基础上通过实证来说明。

舒尔茨：您之前说，您的分析当时没有发表。这是为什么呢？

弗洛姆：这篇文章没有发表，因为研究所的管理层当时不想让它公开。至于为什么，我有一些想法，但如果在这里讨论的话可能会展开太多。

舒尔茨：也许是恐惧和谨慎作祟。事后他们一定会后悔，因为如果公开了研究结果，就可能引起观念的改变。

弗洛姆：这是当然。但调查是处于保密状态的。在关于研究所历史的报告中声称这项调查根本没有进行过，这种说法是完全错误的。调查已经完成了，资料也有。

舒尔茨：如今还有类似的项目吗？

弗洛姆：我不知道。我和同事迈克尔·麦考比（Michael Maccoby）根据同样的原则在墨西哥的一个小村庄进行了类

似的调查（"理论与实践中的精神分析特征学"，
"Psychoanalytische Charakterologie in Theorie und Praxis"，参
见《一个墨西哥村庄的社会性格》，*Der Gesellschaft-Charakter
eines mexikanischen Dorfes*，1970b，GA III）。它不仅提到了
"独裁"和"非独裁"，还提到了其他性格特征。迈克尔·麦
考比对美国不同社会阶层中恋尸者和亲生命者的区别进行了
研究，同样的方法论也得到了很好的证明（M. Maccoby，
1976；vgl. auch ders.，1988）。除此之外，这个项目还没有被
模仿和延续。

舒尔茨：弗洛姆先生，我们如何才能在政治上更好地理
解人类？当然，我们的大多数政客对它并不感兴趣。但在我
看来，对于民主政治来说，最重要的是要敏锐地观察政坛上
的人。电视让我们有机会近距离看他们的脸，注意他们的手
势，质疑他们说的话。我们应该学会看到所有语言表达背后
的真正动机。那么应该如何学呢？

弗洛姆：这是核心问题，尤其是对一个民主国家来说。
怎样才能防止民主国家沦为煽动者的牺牲品呢？民主国家的
人民应该自己判断。如果他们只相信政客的话，那怎么能自
己做判断呢？但事实并非如此。选民会下意识地感觉出候选
人的诚实、虚伪、真诚、正派或表里不一——我们在美国有
这样的例子，在德国可能也有，但这很少得以发展。

必须指出的是，只有当人们学会观察政治家身上的主导
倾向和激情是什么，他的准则、他的政治观点具有什么样的

哲学性和类似宗教特质，民主（还有许多我此处没有提到的条件）才能发挥作用。这意味着，首先，人们要忘记一些东西，要忘记一个人说的话的重要性，而要学会从整体上看这个人。

这很奇怪，在商业活动中，我们的表现更好。当一个人雇用别人或与其建立伙伴关系时，通常不会蠢到只听那个人怎么说自己，而是也想对他的个性产生印象。我们的利益越利己，就越谨慎，也就越能按性格进行判断。但一旦涉及社会和政治利益，我们就不会使那么大劲儿了；我们想要被引导，想要休息，想要有人对我们说话，想要有人得到我们的青睐，想要有人因其做的事而得到我们的奖励。这就是为什么我们不看他的"嘴"，对他是谁不感兴趣。但是我们可以学习。我们可以在每个人都有的天然实验室里学习，作为孩子、青年、成年人，每天都有自己的生活经历。人们在这里基本上什么都能看到，只要想看就行了。大家可以读到很多关于这方面的内容，尽管令人遗憾的是，曾经取得巨大成功的心理学，尤其是学术心理学，在与社会和政治的关联中仍然收效甚微。对政治、婚姻、友谊、教育都十分重要的性格学，即研究性格的科学，扮演着相对较小的角色，尽管它对生活的意义要比学术心理学家所提的大多数陈述要重要得多。这些陈述有时在理论上意义重大，但它们对生活中迫在眉睫的实际问题往往只提供了微薄的建议。

舒尔茨：原谅我现在要在对谈中提及我自己的职业（而

158

且有可能高估了它）。记者难道不应该至少在性格学方面有一定的能力——尽管不是每个人都能做到——这样他们就可以表达并公开批评，这样人们就有能力摆脱幻想地评估政治和他们共同经历的其他进程和发展吗？

弗洛姆： 您说得对，应该是这样的。但有一件事现在不能忘记，那就是运用性格学是需要勇气的。因为这样说是容易的：这个政治领导及其思想很好，能帮助我们。但要这样说却需要勇气：这个人是个骗子，他的政治目的是毁灭，他的目标与他告诉我们的完全不同，他的愿景作为一种世界观或宗教形式，与我们坚持的一切相抵触。这些陈述通常甚至根本不能被直接证明，因为性格学的内在关联是极其复杂的。此外我们也倾向于把消极的陈述看成无法证明的、"不科学的"价值判断。我们很乐意也很自然地对品位问题做出价值判断，但一旦它涉及个人，人们就不敢说听起来像价值判断的内容了，并因会受"判断是不科学的"这样的指责而感到不安，就好像事实陈述同时也是价值判断，而不再属于理性的讨论一样！

舒尔茨： 最后说一个问题，其中部分是我们在这里讨论的一些内容的重复和总结：抵抗是一种增长的、高水平的积极性的代名词。然而，出于许多原因，在社会—政治方面我们会遇到更多的被动、冷漠、宿命论、无力感、或大或小（往往是小）的"拒绝"、风险、决定、责任，甚至可能还有"内疚"。可惜此处不适合更详细地分析这些原因。但我希望听到您再多说一些关于抵抗必须从何时何地开始的问题，这样才能在我们不得不面对杀戮之前就发挥作用。

弗洛姆：如果人们在希特勒胜利后才开始反抗，那么可以说还没开始就已经失败了。因为如果要抵抗的话，人们必须有一个核心、一个信念，人们必须相信自己，能够批判性地思考，必须是独立的人——是人，而不是羊。要做到这一点，即学习"生与死的艺术"，需要大量的努力、练习和耐心，就像所有需要学习的技能一样。那些以这种方式发展的人也学会了辨别什么对自己或对他人是好的（或坏的）的能力。这里指的是知道什么对他们个人是好（或坏），而不是对财产、成功或权力的判断。

大脑的结构允许人们做一些独特的事情：设定最佳的目标，并将他们的热情投入其中。走在这条道路上的人不仅要学会抵抗像希特勒那样的大暴政，还要抵抗日常生活中的"小暴政"、暗流涌动、官僚主义和异化。今天这种阻力变得比以往更难了，因为这个小暴政是由整个社会结构产生的。在这个结构中，人越来越成为一个数字、一个齿轮，一个官僚主义状态中的小人物，他们不做出决定、没有责任，总的来说他们只做官僚机制规定的事，他们越来越不自己思考、自我感知、自我塑造。他们所思考的一切都源于他们的利己主义，并且只为回答这样的问题：我如何才能晋升？我怎样才能挣得更多？或者我如何变得更健康？而不是：什么对我们作为人是好的？什么对我们城邦是好的？在古希腊人和古代传统中，这是思想的主要目标。思想不是作为更好的掌握自然的工具，而主要是为了寻找以下这个问题的答案：什么是最好的生活方式？什么促进人的发展和成长？

普遍的消极、缺乏对自己和社会生活的创造性参与，这是法西斯主义或类似运动（我们通常在事后为这些运动命名）滋生的土壤。

七、 先知著作的现实意义

当我们谈论先知著作的现实意义时，必须首先问几个问题：除了对于基督教徒和犹太教徒，先知仍有现实性吗？或者换一种完全不同的问法：它们难道不应该对每代人都有现实意义吗？或者再深入一点：正因为他们不是现在的人，所以恰恰应该再度具有现实性吗？因为我们生活在一个需要先知的无先知时代？但我们只有在对先知的《圣经·旧约》意义上的定义达成一致时才能讨论这个问题。某人是一位揭示了早已被决定的未来的预言者吗？他预言着更糟的消息，而不是好消息或者愉悦的消息？他是卡珊德拉（Kassandra）的儿子？还是说他是神谕，像德尔菲神谕一样，告诉我们如何行动，尽管很含糊？

不，因为先知不是决定论者，他们并没有切断人类塑造自己生活和故事的意志。他们不是预测者，而是陈述者。或者大家也可以说，他们是占卜者，虽然不是这个词通常使用的意义。这里的"卜卦"是指真理，人们可以且必须在两个选项之间做出选择，但这些选项是被决定好的。也就是说，人并没有被决定，但是供他选择的选项却已经被决定了。在

《圣经》时代，在先知们说话的时代，就存在着二选一：要么崇拜国家、崇拜土地、崇拜神祇所代表的一切权力；要么摧毁国家、驱散居民。

人们必须在这些先知提出的选项中做出选择。我想强调的是，先知们所说的选项不仅是我们今天所理解的道德选项或宗教选项，而且是严格意义上的现实政治选项。先知们看到，近东的一个东方小国失去了它的精神实质，变得像所有其他国家一样，从长远来看，这个国家就像所有其他小国一样不得不走向灭亡。只有一个选择，要么没落，要么停止对国家的神像化。国民可以在这两种可能性中做出选择，但先知想要消除人们长期以来的幻想，即可以两者兼得：维持小国家并维持国民的生存。

有一个很好的例子，法官和先知撒母耳的行为表达了这一点。希伯来人想要一位国王，他们说：我们想要和其他民族一样。撒母耳指出了另一种选择：要么受到东方专制的压迫，要么获得自由。但是人们必须在这两种选项中**选择**。最终人们想和其他民族一样，他们想要一个国王。上帝说：那就听从他们的声音，但要明确地警告他们，告诉他们国王在统治他们时会怎么做。

这就引出了先知的第三个功能：他们是抗议者。他们不仅**指出**其他的选择，还积极地**警告**导致毁灭的可能性。他们发出抗议，但在宣布和抗议之后，他们让人们行动起来，甚至上帝也不干涉，也不创造奇迹。责任仍然在那些要创造自己故事的人身上。先知只在一种意义上有所帮助，他试图向人们解释选项，并让人们意识到导致不幸的决定。

现在这个问题还是和过去相同。我们也面临着另一种选择，要么是一个人性化的社会；要么是野蛮，是彻底的或半彻底的毁灭；要么是持续的核裁军。即使在今天，展示这些选择并抗议会带来灾难的**某些**选择仍将是一项预言性的任务。

先知的信仰是什么呢？先知们宣布了一种信仰，一种对唯一上帝的信仰，其本质包括真理和正义。但从本质上讲，他们讨论的不是**信仰问题**，而是**生活方式问题**，是上帝的原则如何在这个世界上实现的问题。然而，关于信仰的**一个问题**对于先知们来说是核心的，那就是，上帝是唯一的。但是上帝只有一个究竟意味着什么呢？这是个"一对多"的数学问题吗？意思是，有一个统一体，一个站在事物和我们自己的感觉和动力的所有多样性背后的统一体，那就是"一"——这个"一"是最高的原则。如果我们考虑到第二个决定性因素，那就是上帝和神像之间的区别，那么这个"一"在理解先知时才有意义。神像是人类之手所创造的。如果一个神可以像神像一样被当作人类的杰作来崇拜的话，即使**一个神**也可以是神像。神是活着的，人们一遍又一遍地谈论"活着的神"。神像是物品，也就是说，他们已经死了。正如一位预言家曾经说过的：他们有眼却看不见，有耳却听不见。

先知知道神像崇拜就意味着让人作奴仆。先知讽刺地指出，拜神像的人面前有一块木头，他们用一半木头生火，在火上烤蛋糕；用另外半块木头做了一个神像，然后崇拜那块木头，好像那块他做的木头比自己还要优越。木头为何能比他优越呢？因为他把自己所有的权力都转移到这块木头上，让自己变得贫穷，让神像变得富有和强大。神像的力量越强大，他自己就变得越贫瘠。为了使自己免于贫困，他必须服从神像，通过成为神像的奴隶而重新获得一部分他内在的财富。在现代哲学话语中，同样的现象被称为"异化"。异化所表达的意义，与马克思和黑格尔所使用的"偶像崇拜"一词所表达的意义完全相同，即服从事物，通过臣服而失去内在自我、自由和与自己的关系。我们相信我们没有神像，也不是崇拜神像的人，因为没有巴力（Baal）或阿施塔特（Astarte）与我们同在。但我们很容易忘记，我们的神像只是拥有其他名字而已。他们不被称为巴力和阿施塔特，而是财产、权力、物质生产、消费、荣誉、名誉以及所有这类事物的名称，这是人类今天所崇拜的东西，也是人类奴役自己的东西。

也许在世界历史中，先知们所说的最重要的是**弥赛亚时间的愿景**。这是一种独特的、新的愿景，它已成为巨大的历史成果的源泉："治愈"的理念、通过完善自己拯救人类的理念。从预言意义上说，弥赛亚时间宣告解除了人不进天堂的诅咒，它包含了人因为欲望、因为总是想要更多而与自己不和的诅咒。它也适用于两性之间的争斗。今天，我们理所当然地认为男性是占统治地位的性别。但我们不得不想到的是，在《圣经》故事中，男性统治最初被用作诅咒和惩罚。也就是说，在这个诅咒之前，男人是不能统治女人的。历史上也有很多这样的例子，在人类史前时期也是如此。

这种诅咒最终包含了人与自然之间的冲突，即对工作的诅咒，即人必须靠流汗来谋生。工作不是一种乐趣，而是一种惩罚。这个想法至今仍是大多数人的现实。谴责人类与自然冲突的同样的诅咒，也表现在女人必须在痛苦中生育孩子这一观念上。男人的汗水和女人在分娩时的痛苦是《圣经》诅咒中表达对人的羞辱和惩罚的两个象征。正如大家所说，这些都是我们今天认为自然的、不可避免的现象。而对于《圣经》的作者来说，这些绝非自然而然。

那么先知的弥赛亚思想是什么？建立一种新的和平——不仅仅是没有战争，而且是一种个人之间、民族之间、性别之间、人与自然之间的团结与和谐的状态。正如先知所说，这种状态不会给人们带来恐惧。而人们很容易忘记侵略性是恐惧的结果。人们学会了时时刻刻都要害怕、多疑、不相信任何好事。先知们激进地说：只有恐惧消失，侵略才会消失。这属于他们对弥赛亚时间的理解。对于先知来说，这是一个富足的时期，不是奢侈，而是富足。这意味着餐桌第一次为所有人摆好，所有人都能享用，且作为人类有权上桌，与他人分享这顿饭。弥赛亚时间被先知们描述为人们将生活在和平、和谐、与自己和自然没有冲突、没有贪婪和嫉妒的时代，而且生活将有新的目标。这并不是指获得生命在物理意义上所必需的东西，这将是一项有待解决的永久任务。正如先知所说，它指的是对神的完整认知的目标，就像人们用非神学的方式表达的那样：目的就是，人充分发展其精神力量、生活和理智，将自己的内部空出一个中心，以使自己完全成为一个人。

从某种意义上说，弥赛亚时间是对天堂状态的重复。但是天堂状态是历史的开始，甚至被人们称为"史前"。在人类意识到自己是一个与他人分离的个体之前，天堂般的和谐就已经盛行。这是人类未开发的、原始的、史前统一的和谐。弥赛亚时间是人类在其历史中充分实现自我之后回到这种和谐的时代。历史不会随着弥赛亚时间而结束，从某种意义上说，它只会是人类历史的开始。在这段历史中，阻碍人类成为完整之人的因素将被克服。

我之前谈到了弥赛亚思想在人类发展中的巨大历史成果。也许其他思想都不能像弥赛亚思想那样影响人类的发展。无需深入细节，我也不想卷进有争议的问题。饶是如此也可以说，无论是基督教还是社会主义都极其深刻地受到了弥赛亚思想的影响，尽管它们两者以不同的方式表达了这个思想，也在某些方面偏离我描述的核心。把这一点讲得太细的话就扯远了。

弥赛亚的思想得以延续。它也被反复地摧毁，也被一次又一次地腐蚀——例如在基督教中——但它从未消亡，而是一直像种子一样生根发芽。如今，我们在很多方面都看到了这一点。社会主义也是如此。马克思的人道主义的社会主义在所谓社会主义国家的表现中迅速而彻底地变异了。但是我们这里的种子还没有完全干枯，在这里我们可以看到弥赛亚思想的世俗版本，我们可以在马克思主义中找到它，但不能在社会民主主义或共产主义的社会主义中找到它，这个核心一直是鲜活的，哪怕只是在个人。可以说，如果没有弥赛亚思想的巨大影响，现代历史是很难想象的。只有当人们问自己，弥赛亚思想是如何和在哪里实施的，以及它是如何和在哪里被腐化的，才能充分理解现代历史。

出于这个原因我们可以说：如今，先知仍具有现实意义。它们之所以与时俱进，不仅是因为上述原因，还因为——正如我之前强调的——我们的选择在原则上与先知时代的选择非常相似。我们也必须看到其他选项，并做出选择。如果大家想了解一些关于现实意义的内容，那么不仅需要研究当代历史，还需要**阅读**先知著作。如果可以的话，我想说，它们至关重要且扣人心弦。对于今天的世界，它们比许多日报更能说明问题——日报要求具备"现实性"且展现当今现状，而不是**洞悉**当今现状。

八、 人是谁？

"人到底是谁"这个问题的提法直接指向问题的核心。如果人是一件东西，我们可以问它是什么，并给它下定义，就像定义自然界的物体或工业产品一样。但人不是一件东西，不能像东西一样被定义。所以这个问题是正确的：人是谁？

然而，人往往被看作东西。我们说一个人是工人、厂长、医生等，但这只是描述其社会功能，人是根据他们在社会地位上的活动来分类的。

人不是一件东西，而是不断发展的生命体。在人生命中的任何时刻，都还没有成为他能成为的人，也还没有成为他可能成为的人。

人虽然不能像桌子或时钟那样被定义，但人也不是完全无法被定义的。我们对人能描述得更多，毕竟他不是一件东西，而是一个活的有机体。对人的定义最重要的方面是，人可以用自己的思维超越其对自己需要的满足。对人来说，思考不像动物那样，只是一种获取所渴望的物品的手段，而是一种发现自身存在和环境的现实的手段，且不论喜恶。换句话说：人不仅像动物一样拥有智商，而且被赋予了理性。理性的功能就是明辨真理。当人受到理性的引导时，无论从肉身上还是从精神上，他都为自己的利益而行动。

然而，经验表明，许多人被贪婪和虚荣蒙蔽，在他们私人生活中的行为不够理性。更糟糕的是，国家的行为更不理性，因为煽动者让国民轻易忘记他们是在听从煽动者的建议。许多国家之所以灭亡，是因为它们无法摆脱决定其行为的非理性激情，也因为它们未能受到理性的引导。这就是《圣经·旧约》中先知的重要作用。他们并没有像人们一般认为的先知那样预言未来，而是宣扬真理，从而间接地指明现下人们行为的未来后果。

从某种意义上说，人不是一种可以从外部描述的东西，所以我们只能从自己作为人的经验来定义人。"人是谁"这个问题引出了"我是谁"这个问题。如果我们不想犯把人当作东西的错误，那么"我是谁"这个问题的答案只能是"我是人"。

当然，大多数人并没有体验过这种身份。他们对自己、对自己的属性和身份描绘出各种各样的虚幻形象。偶尔他们也会回答"我是老师""我是工人""我是医生"，但是这个关于人的活动的答案并不能告诉我们关于他自己的任何信息，也不能回答"他是谁""我是谁"这样的问题。

这里出现了另一个困难。每个人在社会、道德、心理等方面都有确定的方向。我什么时候以及怎样才能知道他人所选择的方向是不是他最终的方向，或者他是否能够并且会在某些决定性经验的影响下改变这个方向？这与一个问题相对应，在这个问题上，人是如此的坚定，以至于可以义正词严地宣称他就是他，他永远不会变成别人。从统计学上讲这可能适用于很多人，但是，对任何人直到其离世前都能这样说吗？如果你认为，这个人活得久一点就可能会改变，你还能这么说吗？

人也可以用其他方式来定义。也可以说，人是由两种感情和本能决定的。其中一个有生物起源，并且在所有人中本质上是相同的。它包括生存的意志，其中有满足饥渴的需要、对保护的需要、对某种形式的社会结构的需要，以及对性的需要——这种需要的迫切程度要低得多。另一种激情并不根植于生物，也不是对所有人都一样。它们产生于不同的社会结构。这些激情是爱、快乐、团结、羡慕、仇恨、嫉妒、竞争、贪婪等等。谈到仇恨，我们必须区分反应性仇恨和内源性仇恨。这里使用的概念就像是内源性抑郁而非反应性抑郁一样。反应性仇恨是对个人或团体受到攻击或威胁的反应，通常在危险过去时衰退。内源性仇恨是一种性格特征。一个充满仇恨的人更有可能寻找行动的机会，把仇恨表现出来，而不是通过行动来激发仇恨。

与基于生物的激情相反，上述植根于社会的激情是特殊社会结构的产物。在一个社会中，少数剥削者统治着多数手无寸铁的穷人，双方都带有仇恨。被剥削的那方不需要解释。另一方面，统治的少数者之所以仇恨，是因为他们害怕被压迫者的报复，但也因为他们不得不仇恨群众，以扼杀自己的罪恶感，证明他们的剥削行为是正确的。在正义和平等建立之前，仇恨是不会消失的；正如当一个人不得不靠撒谎来为违反平等和正义的原则辩护时，真相并不会建立。

有些人认为，像平等和正义这样的原则是在历史过程中发展起来的意识形态，不是人类天生所具备的。在此我不能详细驳斥这一观点，但有一点应该强调：人的内心深处被赋予了平等和正义的感觉，这是由于当一个敌对团体侵犯了平等和正义的原则时，人会敏感觉察。没有什么比大多数人对哪怕是最轻微的违反正义和平等行为的反应更能体现人类良知的敏感性了，前提是他们自己不被指控有这些违反行为。因此，良心在一个民族团体对其敌人的指控中发出了强有力的声音。如果人们缺乏一种天生的道德感，那么为什么当他们被正确或错误地告知敌人犯下了所谓的暴行时，能被煽动出暴烈的激情呢？

人的另一种定义：人是一种行为几乎不受本能支配的生物。当然，人类的本能动机还有剩余，例如饥饿和性。但只有当个人和集体的生存受到威胁时，人才能被本能引导到一个高度。大多数激励人们的激情，比如野心、羡慕、嫉妒、报复心，都是由特定的社会局势产生和滋养的。这些激情的强度甚至可能比生存的本能更强烈。人们愿意为自己的仇恨和野心、爱和忠诚献出自己的生命。

在人类所有的激情中，最可怕的是基于自己的权力优势，为了自私的目的而利用他人的冲动，这与优雅的自相残杀的形式差不多。新石器时代的社会，人们不可能为了自己的目的剥削他人，人们不知道这种激情。对几乎每一个生活在今天的人来说，有一种非常奇怪和几乎不可理解的想法，即在历史上有一段时期，人类不渴望剥削也没有被剥削。然而事实就是这样！在早期的农耕和狩猎文化中，每个人都有足够的生活物资，囤积是没有意义的，因为私人财产不能作为资本投资也不能授予权力。这些事实传奇地反映在《圣经·旧约》中。以色列的孩子在旷野中吃到了吗哪（《圣经》中记载的神赐的食物）。吗哪是足够的，大家可以随意吃，只是不能贮藏。如果没在当天吃完，那么食物就会腐烂并消失。猜测未来是否还会供应吗哪是完全没有意义的。粮食、器具等货物却不像吗哪一样会消失，它们可以被囤积起来，而拥有最多的人最终将被授予权力。只有当富足超过一定水平时，向他人行使权力才有意义，才能迫使他们为统治阶级工作，使其满足于自己的参与换来的最低生活保障。

父权秩序胜利后，奴隶、工人和妇女成为主要的剥削对象。只有当人类不再是他更强壮的同伴的消费对象时，自相残杀的史前历史才能结束，真正的人类历史才能开始。

这种转变需要我们充分意识到自相残杀的行为和习俗是罪恶的，而且除非伴随全面的忏悔，否则充分的意识也是无效的。忏悔比怜悯要强烈得多。忏悔是一种强烈的情感：忏悔的人对自己和自己的行为感到厌恶。真正的忏悔和它带来的羞耻是唯一能够防止一再犯下同样罪行的人类经验。如果没有忏悔，就会给人一种罪行从未发生过的印象。但是哪里才能找到真正的忏悔呢？以色列人后悔对迦南部落的种族灭绝吗？美国人对印第安人几乎完全被根除感到后悔吗？几千年来，人类一直生活在一个胜者无悔的制度中，因为权力等同于权利。我们、我们的同时代人以及我们的祖先所犯下的罪行，无论是板上钉钉的还是默认的，应该让所有人都清楚意识到。它们必须公开——我几乎想用"仪式化"一词——以语言的形式供认。罗马天主教会为个人提供了认罪的可能性，从而为良心的发声提供了空间。但是，个人忏悔是不够的，因为它不会影响一个团体、阶级或民族所犯的罪行，特别是毫无良心的主权国家所犯的罪行。如果我们不进行"民族认罪"，国民将继续坚持传统，对敌人的罪行有着敏锐的意识，而对本国人民的罪行却视而不见。当国家假装是道德的代表，却在不尊重良心的情况下行事时，个人又怎能真正严格遵从良心的命令呢？这只能导致每个公民良心之声的沉默，因为良心和真理一样不可分割。

人类的理智若要正常工作，就不能被非理性的激情所控制。即使被用于邪恶的目的，智慧也仍然是智慧。相反，理性是对"现实是如何"的认识，而不是我们希望看到的对我们的目的更有用的认识——这种理智只在非理性激情被克服的情况下起作用。也就是说，在这种程度上，人已经成为真正的人，其行为不再由非理性的激情作为主要驱动力来决定。

此处我们遇到了"人类生存所必需的激情"这个重要问题。侵略性和破坏性虽然可以帮助一个群体摧毁另一个群体而生存下去，但当我们俯瞰整个人类时，情况就不同了。如果侵略行为普遍蔓延，它不仅会导致其中某个群体的灭亡，而且最终会导致人类的灭绝。这种想法曾经是不切实际的，是纯粹的猜测。如今，人类本身的生存受到了质疑，因为人类拥有自我毁灭的手段，且确实有了行动的想法，因为人类对生活的热爱已降至最低点。今天我们可以说，弱肉强食的原则——主权国家无节制的虚荣心——可能导致所有国家的灭绝。

19世纪时，爱默生曾说过："坐在马鞍上的是东西，被骑着的是人。"今天我们可以说："东西是人的偶像，这种崇拜可以毁灭人。"

人们常说，人类具有无限的可塑性，乍一看这似乎是真的。纵观历代人类行为，我们会发现，从最崇高的到最卑微的，几乎没有什么是人类不能做或没做过的。但是关于人类可塑性的表述需要一个限定条件。任何不服务于人类的发展和完善的行为都是有代价的。剥削者害怕被剥削者；杀人犯害怕因其行为而被隔离——即使不在监狱中隔离；毁灭者害怕其良心；无趣的消费者害怕只是存在而没有生活。

在"人的可塑性是无限的"这句话中可以确定的是，人可以在生理上活着，但在人性上残疾。这样的人是不快乐的，他缺乏快乐，充满怨恨，从而变得具有破坏性。只有当他从这种纠缠中解脱出来时，快乐才可能再次向他敞开大门。除了遗传和病理状况，人生来精神健康。人只会被那些追求绝对统治、憎恨生活、不能忍受欢声笑语的人扭曲。一旦这些人把孩子弄成畸形，他们就有了一个很好的理由来解释他们的敌意。他们不把敌意解释为孩子做错事的原因，而是做错事的结果。

为什么会有人想让别人畸形呢？这个问题的答案可以从至今仍存在的自相残杀的说法中找到。扭曲的人比强壮的人更容易为人所用。强者可以反击，弱者不能，后者孤立无援地暴露在强权的恶毒之下。统治集团越能堵住被统治者的嘴，就越容易剥削他们，也就是说，把他们当作自己的猎物为自己的目的所用。

既然人被赋予了理性，就能批判性地分析自己的经验，认识到什么有利于自身的发展，什么阻碍了自身的发展。为了达到一种幸福的状态，人努力使自己的身心力量得到尽可能和谐的发展。正如斯宾诺莎所指出的，幸福的反面是沮丧或抑郁。据此，快乐是理性的产物，而沮丧或抑郁是错误的生活方式的结果。当《圣经·旧约》指责以色列人过着富足却没有喜乐的生活是一种严重的罪时，便以最清楚的方式证实了这一原则。

工业社会的基本价值观是与人类的幸福相冲突的。工业社会的基本价值观是什么？

第一个基本价值观是**对自然的统治**。但前工业化社会不是也统治着自然吗？这是当然，否则人早就饿死了。工业社会对自然的统治不同于农业社会。这一点尤其正确，因为工业社会通过技术统治着自然。技术是在动用智力的基础上进行生产。它是女性子宫的男性替代品。《圣经·旧约》的开头描述了上帝如何通过他的话语创造世界；而在更早的巴比伦创世神话中，伟大的母亲创造了世界。

工业社会价值体系中的第二个基本价值观是**对人类的剥削**，通过暴力或奖励，大多数情况下是通过两者的结合。

第三个基本价值观是经济活动必须是有利可图的。在工业社会中，**对利润的追求**主要并不是个人贪婪的表现，而是对经济行为正确性的一种衡量。人们不是为了使用而生产，虽然大多数商品必须有一定的使用价值才能销售，但生产是为了盈利。这意味着，我的经济活动最终的结果必须是，我挣的钱比我在生产或购买销售商品上所花的钱要多。把追求利润描绘成贪婪的人的个人心理特征是一种常见的误解。当然这也可以，但这并不是现代工业社会中对利润的典型理解。利润只是成功经济行为的一项指标，也因此是衡量商业才干的一个标准。

第四，工业社会的一个典型特征是**竞争**。然而，发展表明，由于个体公司的集中化和规模的增长——也由于非法却又确实存在的价格协议——竞争逐渐让位给大公司之间的合作，如今更确切地说已不再是工业联营企业的合作，而是两个小型商店间的合作。我们所有的经济交易都缺乏卖方和买方之间的情感关系。商人和他的顾客之间曾经有过一种关系。商人对客户感兴趣，且买卖不仅仅是一笔金钱交易。商人在向顾客出售有用且吸引人的商品时，会有一定的满足感。当然，这在今天仍然存在，但只是例外情况且基本上仅限于老式的小店铺。在高档百货公司中，销售人员面带微笑；在廉价的百货公司中，销售人员态度冷淡。无须强调，这种微笑是不真实的，百货公司更高的标价也为微笑支付了费用。

第五，**同理心的能力**在我们这个世纪已经大大下降了。也许我们应该补充一点，**即受苦的能力**也已经减弱了。当然，我不是说人们遭受的痛苦比以前少了，而是人们与自己如此疏离，以至于他们没有完全意识到自己的痛苦。就像患有慢性疼痛的人一样，他们认为这种痛苦是理所当然的，只有当它的强度超过惯常时，他们才会意识到。但我们不应忘记，痛苦似乎是所有人，或许是所有有感觉的生物唯一共有的情绪。正是由于这个原因，认识到痛苦的普遍性的受难者才能获得人类一致的安慰。

有很多人从未体验过幸福，却没有人从未遭受过痛苦，即使他试图顽强地抑制对痛苦的意识。同理心与对人的爱是紧密相连的，没有爱就不会有同理心。同理心的反面是冷漠，冷漠可以被描述为一种具有精神分裂特征的病理状态。所谓对某个人的爱，往往只是一种依赖关系；只爱某一个人的人，实际上谁也不爱。

参考书目

Ackermann, J. , 1970: *Heinrich Himmler als Ideologe*, Göttingen und Zürich (Musterschmidt) .

Fest, J. C. , 1973: *Hitler*, Frankfurt a. M. (Ullstein Verlag) .

Fromm, E. , *Gesamtausgabe in 12 Bänden* (GA), herausgegeben von Rainer Funk, Stuttgart / München 1999, Deutsche Verlags-Anstalt und Deutscher Taschenbuch Verlag.

— 1941a: *Escape from Freedom*, New York 1941 (Farrar & Rinehart); *Die Furcht vor der Freiheit*, Zürich 1945 (Steinberg); Frankfurt/Köln 1966 (Europäische Verlags-anstalt); GA I, S. 215 – 392.

— 1966a: *You Shall Be As Gods. A Radical Interpretation of the Old Testament and Its Tradition*, New York 1966 (Holt, Rinehart and Winston); *Die Herausforderung Gottes und des Menschen*, Zürich 1970 (Diana Verlag); Stuttgart 1979 (Deutsche Verlags-Anstalt); *Ihr werdet sein wie Gott. Eine radikale Interpretation des Alten Testaments und seiner Tradition*, GA VI, S. 83 – 226.

— 1970b (zusammen mit Michael Maccoby): *Psychoanalytische Charakterologie in Theorie und Praxis. Der Gesellschaft-Charakter eines mexikanischen Dorfes (Social Character in a Mexican Village. A Sociopsychoanalytic Study)*, GA III, S. 231 – 540.

— 1973a: *The Anatomy of Human Destructiveness*, New York 1973 (Holt, Rinehart and Winston); *Anatomie der menschlichen Destruktivität*, Stuttgart 1974 (Deutsche Verlags-Anstalt); GA VII.

— 1991h [1974]: *Ist der Mensch von Natur aus faul? (Is Man Lazy by Nature?)*, GA XII, S. 161 – 192.

Harris, Th. A. , 1975: *Ich bin o. k. —Du bist o. k. —Wie wir uns selbst besser verstehen und unsere Einstellung zu anderen verändern können. Eine Einführung in die Transaktionsanalyse*, Reinbek (Rowohlt, rororo Sachbuch 6916) .

Langer, W. C. , 1972: *The Mind of Adolf Hitler*, New York (Basic Books); deutsch: *Das Adolf-Hitler-Psychogramm. Eine Analyse seiner Person und seines Verhaltens*, Wien 1972 (Molden Verlag) .

Maccoby, M. , 1976: *The Gamesman: The New Corporate Leaders*, New York 1976 (Simon and Schuster); dt. : *Gewinner um jeden Preis. Der neue Führungstyp in den*

Großunternehmen der Zukunftstechnologie, Reinbek bei Hamburg 1977 (Rowohlt Verlag).

Maccoby, M. , 1988: *Why Work. Leading the New Generation*, New York etc. 1988 (Simon and Schuster); dt. *Warum wir arbeiten. Motivation als Führungsaufgabe*, Frankfurt/New York 1989 (Campus Verlag).

Marx, K. , MEGA, *Karl Marx und Friedrich Engels, Historisch-kritische Gesamtausgabe* (= MEGA). Werke-Schriften-Briefe, im Auftrag des Marx-Engels-Lenin-Instituts Moskau herausgegeben von V. Adoratskij; 1. Abteilung: Sämtliche Werke und Schriften mit Ausnahme des Kapital, 6 Bände, zitiert: 1, 1 bis 6; 2. Abteilung: Das „Kapital " mit Vorarbeiten; 3. Abteilung: Briefwechsel; 4. Abteilung: Generalregister, Berlin 1932.

Maser, W. , 1971: *Adolf Hitler. Legende, Mythos, Wirklichkeit*, München (Bechtle Verlag).

演讲来源

„Überfluss und Überdruss in unserer Gesellschaft " ist eine Vortragsreihe in sechs Folgen, die vom damaligen Süddeutschen Rundfunk (heute SWR) im Januar 1971 ausgestrahlt wurde. — GA XI, S. 305 – 337.

„Über die Ursprünge der Aggression" ist eine Vortragsreihe in drei Folgen, die vom damaligen Süddeutschen Rundfunk (heute SWR) im September 1971 ausgestrahlt wurde. — GA XI, S. 349 – 363.

„Der Traum ist die Sprache des universalen Menschen". Vortrag im Rahmen der Sendereihe „Was weiß man von den Träumen? ", die vom Süddeutschen Rundfunk am 17. November 1971 ausgestrahlt wurde. Erstveröffentlichung in: Hans Jürgen Schultz (Hrsg.), *Was weiß man von den Träumen?* Stuttgart (Kreuz Verlag) 1972, S. 8 – 14. — GA IX, S. 311 – 315.

„Psychologie für Nichtpsychologen " . Eröffnungsvortrag der Sendereihe „Psychologie für Nichtpsychologen " , die am 1.

November 1973 vom Süddeutschen Rundfunk ausgestrahlt wurde. Erstveröffentlichung in: Hans Jürgen Schultz (Hrsg.), *Psychologie für Nichtpsychologen. Einführung*, Stuttgart (Kreuz Verlag) 1974, S. 11 – 33. — GA VIII, S. 71 – 86.

„Im Namen des Lebens. Ein Porträt im Gespräch" wurde vom Süddeutschen Rundfunk am 5. Januar 1974 ausgestrahlt. Erstveröffentlichung als Sonderdruck der Deutschen Verlags-Anstalt, Stuttgart 1974. — GA XI, S. 609 – 630.

„ Hitler-Wer war er und was heißt Widerstand gegen diesen Menschen? " Dieses Gespräch mit Hans Jürgen Schultz wurde vom Süddeutschen Rundfunk erstmals gesendet am 13. Juni 1974 als Beginn der Reihe „Der 20. Juli-Alternative zu Hitler? " Erstveröffentlichung in: Hans Jürgen Schultz (Hrsg.), *Der zwanzigste Juli-Alternative zu Hitler?* Stuttgart (Kreuz Verlag) 1974, S. 8 – 24. — GA XI, S. 365 – 378.

„Die Aktualität der prophetischen Schriften". Vortrag im Rahmen der Reihe „Sie werden lachen-die Bibel", der am 20. April 1975 vom Süddeutschen Rundfunk ausgestrahlt wurde. Erstveröffentlichung in: Hans Jürgen Schultz (Hrsg.), *Sie werden lachen-die Bibel. Überraschungen mit dem Buch der Bücher.* Stuttgart (Kreuz Verlag) 1975, S. 67 – 72. — GA VI, S. 77 – 81.

„Wer ist der Mensch? " Erstsendung dieses Vortrags am 26. August 1979 im Süddeutschen Rundfunk. — GA XI, S. 601 – 607.